Picus Lesereisen

Afrika
Andreas Altmann,
Lesereise Afrika.
Im Herz das Feuer. Quer durch den Kontinent
978-3-7117-1023-9
E-Book 978-3-7117-5114-0

Afrika Süd
Barbara Schaefer · Rasso Knoller,
Lesereise Südliches Afrika.
Von der Serengeti an den Elefantenstrand
978-3-7117-1059-8
E-Book 978-3-7117-5300-7

Albanien
Carola Hoffmeister,
Lesereise Albanien.
Die Möwe und der Freiheitskämpfer
978-3-7117-1025-3
E-Book 978-3-7117-5120-1

Amalfi
Barbara Schaefer,
Lesereise Amalfi/Cilento.
Wo die rote Sonne wirklich im Meer versinkt
978-3-7117-1044-4
E-Book 978-3-7117-5206-2

Andalusien
Ulrike Fokken,
Lesereise Andalusien.
Erdbeeren, Sherry und das ewige Morgen
978-3-7117-1037-6
E-Book 978-3-7117-5183-6

Apulien
Stefanie Bisping,
Lesereise Apulien.
Die Magie des Mezzogiorno
978-3-7117-1062-8
E-Book 978-3-7117-5311-3

Argentinien
Fabian von Poser,
Lesereise Argentinien.
Tango, Steaks und Pampasgras
978-3-7117-1104-5
E-Book 978-3-7117-5430-1

Armenien
Barbara Denscher,
Reportage Armenien.
Im Schatten des Ararat
978-3-85452-977-4
E-Book 978-3-7117-5065-5

Australien
Stefanie Bisping,
Lesereise Australien.
Cocktails mit Kängurus
978-3-7117-1100-7
E-Book 978-3-7117-5423-3

Barcelona
Markus Jakob,
Lesereise Barcelona.
Metro zum Strand oder die vermessene Stadt
978-3-85452-974-3
E-Book 978-3-7117-5052-5

Baskenland
Georges Hausemer,
Lesereise Baskenland.
Die kochenden Kerle von der Muschelbucht
978-3-85452-979-8
E-Book 978-3-7117-5051-8

Bretagne
Stefanie Bisping,
Lesereise Bretagne.
Beim Leuchtturmwärter brennt noch Licht
978-3-7117-1053-6
E-Book 978-3-7117-5287-1

Budapest
Cornelius Hell,
Lesereise Budapest.
Der frivole Charme der Brückenstadt
978-3-7117-1010-9
E-Book 978-3-7117-5089-1

Burma/Myanmar
Christoph Hein · Udo Schmidt,
Reportage Burma/Myanmar.
Die Zukunft hat begonnen
978-3-7117-1072-7
E-Book 978-3-7117-5327-4

London
Martin Müller,
Lesereise London.
Lizenz zur Weltstadt
978-3-7117-1055-0
E-Book 978-3-7117-5286-4

Madeira
Rita Henss,
Lesereise Madeira.
Blütenwolken, Wein
und ewig Frühling
978-3-7117-1014-7
E-Book 978-3-7117-5090-7

Malediven
Stefanie Bisping,
Lesereise Malediven.
Der Trompetenfisch
in der Lagune
978-3-7117-1001-7
E-Book 978-3-7117-5037-2

Mallorca
Helge Sobik,
Lesereise Mallorca.
Miró und der
Mann mit der
Mandarinenkiste
978-3-7117-1018-5
E-Book 978-3-7117-5112-6

Malta
Carola Hoffmeister,
Lesereise Malta.
Drei Schwestern im
Meer
978-3-7117-1088-8
E-Book 978-3-7117-5374-8

Marokko
Walter M. Weiss,
Lesereise Marokko.
Im Labyrinth der
Träume und Basare
978-3-7117-1094-9
E-Book 978-3-7117-5397-7

Mauritius
Stefan Slupetzky,
Lesereise Mauritius
Zum Segatanz unter
dem Flammenbaum
978-3-7117-1066-6
E-Book 978-3-7117-5315-1

Myanmar/Burma
Christoph Hein ·
Udo Schmidt,
Reportage Burma/ Myanmar.
Die Zukunft hat
begonnen
978-3-7117-1072-7
E-Book 978-3-7117-5327-4

Namibia
Fabian von Poser,
Reportage Namibia.
Durch die Augen des
Geparden
978-3-85452-975-0
E-Book 978-3-7117-5040-2

Neapel
Barbara Schaefer,
Lesereise Neapel.
Wo die Fische nach
Vulkan schmecken
978-3-7117-1101-4
E-Book 978-3-7117-5447-9

Nepal
Martin Zinggl,
Lesereise Nepal.
Im Land der stillen
Helden
978-3-7117-1069-7
E-Book 978-3-7117-5322-9

Neuseeland
Joscha Remus,
Lesereise Neuseeland.
Der Kuss der langen
weißen Wolke
978-3-85452-960-0
E-Book 978-3-7117-5059-4

New York
Sebastian Moll,
Lesereise New York.
Stories aus einer Stadt
im Umbruch
978-3-7117-1114-4
E-Book 978-3-7117-5477-6

Inseln des Nordens
Barbara Schaefer · Rasso Knoller, *Lesereise Inseln des Nordens.* Von Island bis Spitzbergen
978-3-85452-957-6
E-Book 978-3-7117-5060-0

Nordfriesische Inseln
Kristine von Soden, *Lesereise Nordfriesische Inseln.* Wolkenbilder, Watt und Meeresköche
978-3-7117-1013-0
E-Book 978-3-7117-5093-8

Nordseeküste
Wolfgang Stelljes, *Lesereise Nordseeküste.* An der Waterkant zwischen Ems und Elbe
978-3-85452-981-1
E-Book 978-3-7117-5095-2

Neu

Normandie
Stefanie Bisping, *Lesereise Normandie.* Der Austernzüchter lädt zum Calvados
978-3-7117-1029-1
E-Book 978-3-7117-5168-3

Norwegen
Gabriele Haefs, *Lesereise Norwegen.* Drei Wikingerschiffe und ein verwunschener Wald
978-3-7117-1082-6
E-Book 978-3-7117-5360-1

Oslo
Anne Helene Bubenzer · Gabriele Haefs, *Lesereise Oslo.* Auf der Suche nach Ibsens Badewanne
978-3-85452-973-6
E-Book 978-3-7117-5048-8

Palästina
Gil Yaron, *Lesereise Israel/Palästina.* Zwischen Abraham und Ibrahim
978-3-7117-1020-8
E-Book 978-3-7117-5118-8

Papua-Neuguinea
Rasso Knoller, *Lesereise Papua-Neuguinea.* Im Land der dunklen Geister
978-3-7117-1026-0
E-Book 978-3-7117-5119-5

Paris
Bettina de Cosnac, *Lesereise Paris.* Das Parfum einer Stadt
978-3-7117-1087-1
E-Book 978-3-7117-5375-5

Peking
Johnny Erling, *Lesereise Peking.* Vorfahrt für die Rote Fahne
978-3-7117-1078-9
E-Book 978-3-7117-5350-2

Peloponnes
Nicole Quint, *Lesereise Peloponnes.* Alexis Sorbas und der getürkte Grieche
978-3-7117-1035-2
E-Book 978-3-7117-5180-5

Persischer Golf
Helge Sobik, *Lesereise Persischer Golf.* Tausend Meter über der Wüste
978-3-7117-1106-9
E-Book 978-3-7117-5431-8

Portugal
Helge Sobik, *Lesereise Portugal.* Die Fischer, die die Zeit anhalten
978-3-7117-1085-7
E-Book 978-3-7117-5363-2

Provence
Michael Bengel, *Lesereise Provence.* Farbenspiel im Schatten des Mistral
978-3-7117-1041-3
E-Book 978-3-7117-5203-1

Rom
Christina Höfferer, *Lesereise Rom.* Vom süßen Leben und der großen Schönheit
978-3-7117-1056-7
E-Book 978-3-7117-5285-7

Salzburg
Hubert Nowak,
Lesereise Salzburg.
Die kleine Stadt als Weltbühne
978-3-7117-1064-2
E-Book 978-3-7117-5313-7

Salzkammergut
René Freund,
Lesereise Salzkammergut.
Skizzen aus der Mitte
978-3-7117-1058-1
E-Book 978-3-7117-5293-2

Sankt Petersburg
Christine Hamel,
Lesereise St. Petersburg.
Palastparade in weißen Nächten
978-3-7117-1043-7
E-Book 978-3-7117-5205-5

Schottland
Ralf Sotscheck,
Lesereise Schottland.
Whisky, Seetang und karierte Röcke
978-3-85452-991-0
E-Book 978-3-7117-5021-1

Schwarzwald
Tomo Mirko Pavlović,
Lesereise Schwarzwald.
Schräge Klänge im Wipfelrausch
978-3-7117-1096-3
E-Book 978-3-7117-5411-0

Schweden
Rasso Knoller,
Lesereise Schweden.
Nils Holgersson und die Dame von der Post
978-3-85452-995-8
E-Book 978-3-7117-5017-4

Simbabwe
Andrea Jeska,
Lesereise Simbabwe.
Die Sehnsucht des Schlangengottes
978-3-7117-1032-1
E-Book 978-3-7117-5169-0

Neu

Sizilien
Julia Lorenzer,
Lesereise Sizilien.
Eine Insel wie ein Kontinent
978-3-7117-1116-8
E-Book 978-3-7117-5503-2

Neu

Slowenien
Irene Hanappi · Stefan Schomann,
Lesereise Slowenien.
Erkundung eines Miniaturkontinents
978-3-7117-1118-2
E-Book 978-3-7117-5502-5

Spanien
Dorothea Löcker · Alexander Potyka (Hg.),
Lesereise Kulinarium Spanien.
Paella, Tapas und ein Gläschen Sherry
978-3-7117-1003-1
E-Book 978-3-7117-5031-0

Sri Lanka
Bernd Schiller,
Lesereise Sri Lanka.
Am Teich der roten Lotusblüten
978-3-7117-1006-2
E-Book 978-3-7117-5036-5

Stockholm
Rasso Knoller,
Lesereise Stockholm.
Die Dancing Queen im Schärengarten
978-3-7117-1089-5
E-Book 978-3-7117-5378-6

Toskana
Julia Lorenzer,
Lesereise Toskana.
Viel mehr als nur Steine
978-3-7117-1099-4
E-Book 978-3-7117-5421-9

Die Picus Lesereisen und Reportagen

Erstklassige ortskundige Autorinnen und Autoren berichten von über hundert Zielen auf der ganzen Welt. Im Mittelpunkt steht dabei das persönlich Erlebte und Erlebbare, die Begegnung mit dem Alltag der jeweiligen Schauplätze ebenso wie mit deren Eigenheiten und Absonderlichkeiten. Ideal sowohl für die Reisevorbereitung und -begleitung als auch für das bequeme Reisen im Lehnsessel daheim.

Jeder Band gebunden mit Schutzumschlag € 16,-   E-Book € 9,99

Triest
Susanne Schaber,
Lesereise Triest.
Poesie von Wind, Wasser und Stein
978-3-7117-1108-3
E-Book 978-3-7117-5456-1

Türkei
Christiane Schlötzer,
Lesereise Türkei.
Jenseits von Galata, im Übermorgenland
978-3-7117-1065-9
E-Book 978-3-7117-5314-4

Umbrien
Julia Lorenzer,
Lesereise Umbrien.
Wo das Herz Italiens schlägt
978-3-7117-1111-3
E-Book 978-3-7117-5467-7

Ungarn
Cornelius Hell,
Lesereise Ungarn.
Donaublick und Pusztatraum
978-3-7117-1039-0
E-Book 978-3-7117-5181-2

Usbekistan
Walter M. Weiss,
Lesereise Usbekistan.
Fährtensuchen an der Seidenstraße
978-3-7117-1113-7
E-Book 978-3-7117-5483-7

Venedig
Susanne Schaber,
Lesereise Venedig.
Eine Stadt sticht in See
978-3-7117-1092-5
E-Book 978-3-7117-5396-0

Wien
Hubert Nowak,
Lesereise Wien.
Walzer, Wein und Lebenskünstler
978-3-7117-1091-8
E-Book 978-3-7117-5376-2

Zypern
Knut Diers,
Lesereise Zypern.
Aphrodites liebster Badeplatz
978-3-7117-1021-5
E-Book 978-3-7117-5113-3

Aktuelles aus dem Verlag: **www.picus.at**
Picus Verlag Ges.m.b.H., 1080 Wien, Friedrich-Schmidt-Platz 4/7. E-Mail: info@picus.at
Foto © EXTREMFOTOS/Adobe Stock,
Stand der Preise: Juni 2023, Änderungen vorbehalten.

Julia Lorenzer

Lesereise Sizilien

Julia Lorenzer

Lesereise Sizilien

Eine Insel wie ein Kontinent

Picus Verlag Wien

Klimaneutral
Druckprodukt
ClimatePartner.com/14924-2112-1008

FSC
www.fsc.org
MIX
Papier | Fördert gute Waldnutzung
FSC® C004378

Grafische Gestaltung: Dorothea Löcker, Wien
Umschlagabbildung: © Daniel / Adobe Stock
Druck und Verarbeitung:
EuroPB, s.r.o., Tschechische Republik
ISBN 978-3-7117-1116-8

Informationen über das aktuelle Programm
des Picus Verlags und Veranstaltungen unter
www.picus.at

Inhalt

Sizilien ist eine Insel
Kein Weg führt nach Rom ... 9

Sciacca mit allen Sinnen
Wie sich eine Stadt neu erfindet ... 15

Die Stimme erheben
Das Vermächtnis von Rosa Balistreri ... 28

Die Targa Florio
Als Sizilien das Mekka des Motorsports war ... 36

In einem anderen Land
Rosarios Leben zwischen Düsseldorf und Cefalù ... 45

Süßes Sizilien
Der Geschmack der Kindheit ... 57

Die tausend Formen der Seele
Salvatore Rizzuti lebt für die Skulptur ... 68

Superlatitante
Das Ende einer Flucht ... 80

Im Land des Theaters
Bühnen für das Schauspiel des Lebens ... 91

Il Grande Cretto
Das alte und das neue Gibellina ... 104

Der Gesang des Vulkans
Der Ätna als Objekt der Wissenschaft ... 115

Die Tochter der Winde
Über den Mond nachdenken auf Pantelleria 122

Sizilien ist eine Insel

Kein Weg führt nach Rom

Diggià la Sicilia sorgeva
come una nuvola in fondo all'orizzonte.

Und schon erhob sich Sizilien
wie eine Wolke am fernen Horizont.
GIOVANNI VERGA

Sizilien ist eine Insel. Und zwar nicht irgendeine, sondern die größte im Mittelmeer: Über fünfundzwanzigtausend Quadratkilometer Landfläche und mehr als tausendeinhundertfünfzig Kilometer Küstenlinie gibt es hier zu erkunden. Das sind deutlich andere Ausmaße als die von Elba oder Capri, wo man sich vom höchsten Punkt aus beim Blick in jede Richtung vergewissern kann, dass man durch Wassermassen vom Rest der Welt getrennt ist. Und das ist es ja, was für die meisten Menschen die besondere Faszination einer Insel ausmacht. Entsteht auf Sizilien bei aller Entdeckerfreude also gar kein echtes »Inselgefühl«?

Beim ersten Studium der Landkarte scheint sich zu bestätigen, dass sich hinter der Wasserstraße von Messina nicht viel ändert: Der Apennin – das Gebirge, das über die gesamte italienische Halbinsel bis zur Stiefelspitze reicht – findet hier seine direkte Fortsetzung in den Monti Peloritani, den

Monti Nebrodi und den Monti delle Madonie, die sich an der Nordküste der Insel entlangziehen, bis Palermo in Sicht kommt. Doch diese scheinbare Kontinuität täuscht. Jede der sizilianischen Bergketten hat ihre Besonderheiten und ihren eigenen Charakter. Außerdem werden sie vom Ätna überragt, dem höchsten aktiven Vulkan Europas, der in seiner riesenhaften Gestalt und mit dem von ihm produzierten tiefschwarzen Gestein den ganzen Osten Siziliens beherrscht. Im Zentrum sowie im Westen und Süden der Insel dominiert hingegen ein ausgedehntes, immer wieder von Felsen durchbrochenes Hügelland. Im Frühjahr findet man sich hier oft in einem Meer aus riesigen Getreidefeldern und Olivenhainen wieder, zwischen denen vereinzelte Schafherden nach Futter suchen. Im Sommer liegt das von der Sonne ausgedörrte Land karg wie eine Wüste vor dem Betrachter. Spätestens dann wird klar: Dieses raue, ungeschminkte und faszinierende Land hat einen eigenen, unverwechselbaren Charakter.

Zudem ist die an ihrer schmalsten Stelle nur drei Kilometer breite und bis zu zweihundertfünfzig Meter tiefe Meerenge von Messina durchaus ein schwer zu überwindendes Hindernis. Zwar scheint das gegenüberliegende Ufer zum Greifen nah, und die Überquerung mithilfe der Fähre ist heute bei gutem Wetter auch problemlos in einer halben Stunde zu bewältigen, doch die in der Meerenge herrschenden starken Strömungen und unberechenbaren Winde haben im Lauf der Geschichte unzählige Seeleute in Bedrängnis gebracht und sind noch heute eine Herausforderung für jeden Profi- oder Freizeitkapitän. Nicht ohne Grund hat der antike Mythos von den beiden Meeresungeheuern Skylla und Charybdis, die Schiffe mitsamt ihren Besatzungen in die Tiefe reißen, an dieser Stelle seinen Ursprung.

Die in den vergangenen Jahrzehnten immer wieder aus den Schubladen geholten Pläne für eine Brücke über den *stretto* scheiterten bisher regelmäßig – an den immensen Kosten eines derartigen Projekts, aber vor allem an den Naturgewalten, denen eine solche Konstruktion in diesem stark erdbebengefährdeten Gebiet standhalten müsste. Außerdem stellt sich bei genauerer Betrachtung die Frage, ob die Verkehrswege, die durch das unwegsame Gelände Kalabriens zu dieser Brücke führen sollen, den zunehmenden Verkehr überhaupt verkraften könnten. Daran, dass die Wasserstraße von Messina eine Barriere bleibt, die Sizilien vom nahen Festland trennt, wird sich wohl erst einmal nichts ändern.

Doch wenn es um den Inselcharakter geht, spielt längst nicht nur die Landschaft eine Rolle – mindestens genauso entscheidend sind das Lebensgefühl und die Lebensweise der Menschen. Wie in vielen Gegenden Italiens spricht man in Sizilien einen vom Italienischen deutlich unterschiedenen Dialekt, der in jedem Tal und in jeder Stadt individuelle Varianten hervorgebracht hat. Doch damit nicht genug: Die gesamte Kultur der Insel ist von ihrer einzigartigen, in vielen Belangen vom Festland unabhängigen Geschichte geprägt. Hier haben nicht nur – wie in Apulien, Neapel oder Ravenna – Griechen, Römer und Byzantiner Wurzeln geschlagen, sondern für zweihundert Jahre auch die Araber, was bis heute in Namen von Städten, Flüssen und Bergen sowie in der Küche und in der Architektur der Region Niederschlag findet. Zuvor waren bereits die Phönizier und Karthager gekommen, die, wie später die muslimischen Eroberer, aus Nordafrika übersetzten. Die Nähe zum afrikanischen Kontinent hat den Charakter und die Kultur der Insel unübersehbar mitgeformt. Und das ist längst nicht vorbei, sondern geht in unseren Tagen weiter – nicht zuletzt weil Sizilien jedes Jahr für Tausende von Migranten von der anderen Seite des Mittelmeers zur ersehnten Brücke nach Europa wird.

Keine Frage: Es gibt auch auf dem Festland viele Gegenden, in denen man spürt, dass Rom sehr weit weg ist. Doch selbst von Bari oder Reggio Calabria scheint letztlich jeder noch so verschlungene Weg in die Hauptstadt Italiens zu führen. Auf Sizilien hingegen enden alle Straßen entweder in der Regionalhauptstadt Palermo oder in der Barockstadt Catania. Auf diese beiden Metropolen ist das Leben ausgerichtet, und ihre Strahlkraft wirkt tief in das sie umgebende Land hinein. Das festigt das Gefühl der Eigenständigkeit, aber auch die unsichtbare und doch allgegenwärtige Teilung der Insel in zwei auf vielen Ebenen miteinander konkurrierende Hälften: Wo Palermo für den konservativen und phlegmatischen, jede Neuerung skeptisch betrachtenden Westen steht, verkörpert das aufstrebende Catania im Osten die Jugend, die sich immer wieder neu erfindet, so wie es die Stadt nach jedem verheerenden Vulkanausbruch tun musste.

Aber nicht nur die urbane Kultur betreffend spielt Rom in Sizilien eine deutlich untergeordnete Rolle. Die Insel ist auch politisch innerhalb des zentralisierten italienischen Staates relativ unabhängig. Nach dem Zweiten Weltkrieg war Sizilien die erste Region, der ein Autonomiestatus zuerkannt wurde, wie er heute beispielsweise auch für Südtirol gilt. Sie verfügt seitdem nicht nur über eine eigene Verfassung, sondern kann auch in Finanzfragen sowie bei der Verwaltung der eigenen Kulturgüter unabhängiger agieren als die meisten anderen Landesteile.

Welche Perspektive man auch einnimmt: Sizilien ist und bleibt eine Insel – egal, ob irgendwann doch noch eine Brücke über die Straße von Messina gebaut wird oder nicht. Aber was ist nun mit dem »Inselgefühl«? Mit diesem unvergleichlichen Eindruck, das Meer sehen zu können, egal, in welche Himmelsrichtung man sich wendet?

Nun, auch das kann man in Sizilien erleben. Schließlich handelt es sich hier um eine sehr große Insel, die von vielen kleineren umgeben ist – darunter immerhin knapp zwanzig bewohnte. Im Norden bezaubern die Isole Eolie mit dem stets aktiven Vulkan Stromboli sowie, einsam weit draußen vor der palermitanischen Küste, das Eiland Ustica. Im Westen findet man die Isole Egadi, auf denen früher im großen Stil Thunfisch gefangen und verarbeitet wurde, während sie heute als touristischer Geheimtipp gelten. Bereits in Sichtweite der tunesischen Küste liegt Pantelleria, und noch weiter im Süden erheben sich die Isole Pelagie, zu denen Lampedusa und Linosa zählen, aus dem Meer. Am Ende gibt es tatsächlich noch vieles zu erkunden, was beim ersten Blick auf die Karte unbeachtet blieb. Und so gesehen ist Sizilien sogar mehr als eine Insel.

Sciacca mit allen Sinnen

Wie sich eine Stadt neu erfindet

> *Non è solo turismo, è valorizzazione della nostra identità.*
>
> *Es geht nicht nur um Tourismus, sondern um die Wertschätzung unserer Identität.*
>
> EMILIO CASALINI

»Morgen ist der große Tag!«, sagt Giovanni. Dann hält er die blaue Flamme eines handlichen Gasbrenners in den auf dem Grill angerichteten Holzstapel, nach wenigen Sekunden lodert ein beeindruckendes Feuer unter dem sizilianischen Abendhimmel.

Ja, morgen ist es endlich so weit. Alle fiebern seit einer Woche darauf hin: Giovanni und seine Frau und natürlich ihre drei Söhne. Fabio und Gabriele sind hier, Alessio, der Älteste, studiert in Parma, telefoniert aber mehrmals täglich mit den Eltern.

Giovanni hat unzählige Runden mit seinem kleinen Traktor gedreht und dabei den ohnehin immer sehr gepflegten Olivenhain noch einmal komplett von Unkraut und herumliegenden Ästen befreit sowie den Rasen vor dem kleinen Landhäuschen gemäht, in dem die Familie seit ein paar Jahren zwei Ferienwohnungen für Urlauber bereitstellt. Als derzeitige Mieterin wurde ich von

Giovannis Nervosität längst angesteckt. Ich denke darüber nach, was ich morgen anziehen könnte, und erinnere mich immer wieder daran, dass ich gleich nach dem Aufstehen die Terrasse fegen und den Wäscheständer hereinholen muss. Auch ich möchte *bella figura* machen. Das Fernsehen kommt schließlich nicht jeden Tag.

Wir befinden uns nur wenige Kilometer entfernt von Sciacca. Doch in dieser idyllischen *campagna* ist von der nahen Vierzigtausend-Einwohner-Stadt nichts zu spüren. Hier stehen unzählige Olivenbäume säuberlich aufgereiht in einer weiten Ebene, gelegentlich durch Feldwege, einen Geräteschuppen oder niedrige Mauern voneinander getrennt. Zu drei Seiten ist die Ebene von Hügeln und Bergen umgeben, während sich die Landschaft im Süden zum Meer hin absenkt. Die Bäume werfen an diesem lauen Herbstabend bereits lange Schatten, alles ist in orangerotes Licht getaucht, bald wird die Sonne untergehen. In der Ferne bellt ein Hund, hin und wieder brummt ein Insekt vorbei, ansonsten hört man nur das Knistern des Feuers im Grill. Den hat Giovanni aus einem alten Benzinfass selbst gebaut. Wenn man genau hinsieht, kann man an der Seite des halbierten Stahlbehälters die eingestanzte Aufschrift »Aeronautica Italiana« erkennen.

Vor ein paar Tagen hat mir Giovanni die Geschichte des Geisterflughafens erzählt. In den dreißiger Jahren ließ Mussolini hier in der Ebene die fast perfekt getarnte Anlage errichten. Die

Olivenbäume wurden damals mit so großem Abstand gepflanzt, dass die darunter parkenden Militärmaschinen aus der Luft kaum auszumachen waren. Das Personal war in Zelten und vermeintlichen Geräteschuppen untergebracht. Der *aeroporto fantasma* diente während des Zweiten Weltkriegs als Basis für die Bombardierung Maltas und die Störung des Schiffsverkehrs der Alliierten in der Straße von Sizilien. Es heißt, die gegnerischen Piloten seien verzweifelt, weil die deutschen und italienischen Flugzeuge, denen sie nachjagten, im Hinterland von Sciacca immer wieder spurlos verschwanden. Erst 1943, kurz vor der Invasion der britischen und amerikanischen Truppen, wurde der Flugplatz dann doch entdeckt und durch schwere Luftangriffe unbrauchbar gemacht.

Heute stehen die Oliven- und Orangenbäume wieder dichter beieinander. Geblieben sind die niedrigen Mauern, die einst dem Schutz vor Bombensplittern dienen sollten, und unzählige Stahlfässer, die vor mehr als achtzig Jahren zur Versorgung der Flugzeuge über der Ebene abgeworfen wurden und heute das perfekte Rohmaterial für einen Gartengrill abgeben.

Reifen knirschen auf dem Feldweg. Ein kleiner gelber Fiat taucht auf und parkt zwischen zwei Olivenbäumen wenige Meter neben Giovannis Grillplatz. Hinter dem Steuer sitzt eine junge Frau mit langen dunklen Locken.

»Ciao, Anna!«, ruft Giovanni, sobald sie ausgestiegen ist.

Ich habe Anna bereits in Sciacca getroffen. Sie gehört zu dem kleinen Team der Initiative »Identità e Bellezza«, deren Hauptquartier in einem gedrungenen alten Wehrturm am Rand des *centro storico* untergebracht ist. Wir saßen in dem kürzlich renovierten und zu einem Büro ausgebauten Erdgeschoss unter dem weiß gestrichenen Kreuzgewölbe, und Anna erzählte mir von ihrer Arbeit.

Im Rahmen der Initiative verbanden sich im Jahr 2019 Handwerker, Hotelbesitzer, Landwirte, Künstler und viele weitere Betriebe und Einwohner Sciaccas zu einem Netzwerk, das sich zum Ziel gesetzt hat, der in einer der strukturschwächsten Provinzen Italiens gelegenen Stadt eine neue wirtschaftliche Perspektive zu verschaffen. Gemeinsam entwickelte man die Idee, die vielfältigen Attraktionen Sciaccas in einem »Museo Diffuso dei 5 Sensi« zu bündeln, das sich in der gesamten Altstadt verteilt und in das man buchstäblich mit allen Sinnen eintauchen kann. Die pittoresken Gassen dienen dabei als Korridore und die Plätze als Ausstellungsräume unter freiem Himmel. Ausgewählte Orte im *centro storico* wurden mithilfe der Anwohner verschönert, etwa durch bunte Keramikfliesen und Blumenschmuck an Treppenaufgängen. Wie in jedem guten Museum gibt es auch in diesem Informationspunkte: Zeitungskioske und kleine Geschäfte, deren Mitarbeiter für den Umgang mit Touristen geschult wurden und die Besucher mit Stadtplänen und allerlei Tipps für den Aufenthalt versorgen. Mit modernen Übersetzungscomputern klappt das sogar problemlos in vielen verschiedenen Sprachen.

Das Kernstück des Konzepts sind jedoch die *esperienze*, also die einzigartigen Erfahrungen, die die Einwohner von Sciacca für ihre Besucher bereithalten. So kann man in der Mühle von Caterina frische *pasta* aus echten sizilianischen Getreidesorten herstellen oder im Betrieb der Familie Curreri alles über die Konservierung und die Zubereitung frisch gefangener Sardellen erfahren. Örtliche Handwerker öffnen ihre Werkstätten und zeigen, wie traditioneller Korallenschmuck entsteht, wie man sich seine eigene Hirtenflöte bastelt oder sich auf der Töpferscheibe sein persönliches Keramiksouvenir selbst anfertigt. Für Aktivurlauber gibt es Tauchexkursionen, Archeotrekking auf den Spuren prähistorischer Siedler oder die Möglichkeit, einen Tag mit einem Schäfer zu verbringen – und dabei nicht nur alles über seine Arbeit mit den Tieren, sondern auch viel über die aromatische Welt der mediterranen Kräuter zu erfahren. Die Besucher können aus fast fünfzig derartigen Angeboten wählen, die den Duft, den Geschmack, den Klang, die Farbe und die Formen Westsiziliens auf authentische Weise erleben lassen. Und das alles ist über eine professionelle Website buchbar. Trotz nicht gerade leichter Startbedingungen während der Coronapandemie ist das in seiner kurzen Existenz bereits mehrfach ausgezeichnete Museo Diffuso dei 5 Sensi bisher ein voller Erfolg. Und nun ist sogar die *Rai* auf die Initiative aufmerksam geworden.

»Na, alles bereit für morgen?«, fragt Anna, nachdem sie Giovanni und mich begrüßt hat.

»Wir hoffen es!«, antwortet Giovanni lachend. Dann legt er sorgfältig den Grillrost über das schon nicht mehr allzu stark lodernde Feuer.

Anna hat eine Flasche Nero d'Avola mitgebracht und trägt diese nun in die Küche meiner momentan nicht vermieteten Nachbarwohnung, wo Giovannis Frau Giovanna – die Namensgleichheit sorgt in jeder Vorstellungsrunde zuverlässig für Heiterkeit – bereits den Tisch gedeckt hat und nun ein langes Weißbrot aufschneidet. Sie beträufelt die Schnittflächen mit Olivenöl und belegt dann die untere Hälfte mit frischen Tomaten, etwas Käse und einigen Sardellen, bevor sie das Ganze mit der oberen Hälfte zudeckt. Nun noch in handliche Stücke schneiden, und fertig ist das *pane cunzato*, eine typische Vorspeise in dieser Gegend.

Jetzt erscheinen auch Fabio und Gabriele, der Duft von Grillfleisch verbreitet sich rund um das Haus, wir versammeln uns alle um den reich gedeckten Tisch, essen, diskutieren, lachen und reden. Als wir beim Obst angelangt sind, kommen wir auf die kollektive Depression zu sprechen, die Sciacca ergriffen hatte, bevor die Initiative »Identità e Bellezza« Fahrt aufnahm.

»Dass das Grand Hotel delle Terme geschlossen wurde, war ein Schock für uns alle«, seufzt Giovanni.

Die vulkanischen Quellen, die an unterschiedlichen Orten in der Gegend aus den Tiefen der Erde an die Oberfläche dringen, waren für lange Zeit nicht nur ein elementarer Bestandteil der Identität Sciaccas, sondern – neben dem Hafen, der die zweitgrößte Fischereiflotte Siziliens beherbergt – auch ein Fundament der örtlichen Wirtschaft.

»Ich erinnere mich noch, dass meine Eltern mich als Kind wegen meiner Hautprobleme immer in die Thermen brachten«, erzählt Giovanna. »Das Heilwasser gehörte hier seit Generationen zum täglichen Leben.«

Nachdem die Quellen bereits seit Urzeiten für die Linderung der verschiedensten Leiden genutzt worden waren, wurden sie nach der Einigung Italiens im 19. Jahrhundert zu einem Ziel des aufkeimenden Bädertourismus. Vor knapp hundert Jahren begann man dann mit dem Bau des Grand Hotel delle Terme. Der prachtvolle Jugendstilbau mit Park und Aussichtsterrasse über dem Meer entwickelte sich zum Aushängeschild der Stadt und brachte jedes Jahr Zehntausende Kurgäste, bis plötzlich das Undenkbare geschah. Misswirtschaft, Renovierungsstau, Marketingfehler – die Gründe dafür, dass das altehrwürdige Hotel im Jahr 2015 auf unbestimmte Zeit schließen musste, sind vielfältig. Und je länger sich die erhoffte Wiedereröffnung verzögerte, desto hilfloser fühlten sich die Bürger Sciaccas.

»Es war Viviana, die erkannte, dass es so nicht weitergehen konnte«, erzählt Anna. »Für sie stand fest, dass wir nicht länger auf Lösungen aus der Politik warten durften, sondern selbst etwas anstoßen mussten.«

Viviana Rizzuto ist in Sciacca aufgewachsen,

hat jedoch nach dem Ingenieurstudium lange in der Schweiz bei einem großen, international agierenden Unternehmen gearbeitet. Ihre dort gesammelten Erfahrungen brachte sie nun zurück in ihre Heimat, indem sie den Grundstein für die Initiative »Identità e Bellezza« legte.

Auch Anna war im Ausland, sie hat in Oxford studiert. »Gäbe es das Museo Diffuso dei 5 Sensi nicht, hätte ich wahrscheinlich nicht zurückkehren können«, meint sie und nippt an ihrem Weinglas. »Jetzt habe ich hier eine Perspektive und kann in meiner Heimat etwas bewegen.«

Für Menschen wie Giovanni und Giovanna, die mit viel Herzblut und Mühe ihren *agriturismo* aufgebaut haben und sich selbst um die Vermarktung ihres Olivenöls kümmern, ist das neue Netzwerk ein Geschenk.

»So haben wir auf einmal viel mehr Kontakt zu Touristen, die sich beispielsweise für unsere Öl-Verkostungen interessieren«, erklärt mir Giovanni, der, wie ich inzwischen weiß, sogar eine Ausbildung zum Olivenöl-Sommelier gemacht hat. »Na ja, und jetzt kommt sogar das Fernsehen …«

»Genau«, wirft seine Frau ein und fügt augenzwinkernd hinzu: »Deswegen wird es jetzt Zeit, schlafen zu gehen. Schließlich ist morgen der große Tag!«

»Ja, sehr gut, das sieht hervorragend aus!«

Der Kameramann mit dem dunklen Vollbart ist offenbar zufrieden. Er kniet auf dem Boden und filmt die Oliven, die Giovanni mithilfe eines elektrisch betriebenen Rüttlers vom Baum holt, sodass sie wie ein kräftiger Regenschauer auf das darunter auf dem Boden ausgebreitete dunkelgrüne Netz prasseln.

Gleich nachdem Anna das Team in ihrem gelben Fiat hergebracht hatte, interessierte sich der Kameramann für den mächtigen fünfhundertjährigen Olivenbaum direkt vor der Terrasse meines Appartements. Ich war erleichtert, dass ich an das Fegen und an meinen Wäscheständer gedacht hatte. Nun halte ich mich mit Giovanna einige Meter entfernt, um die Aufnahmen der Ernte nicht zu stören.

»Hier, riech mal daran!« Giovanna hat eine große hellgrüne Olive aufgehoben, die vor ihre Füße gekullert war, und sie mit den Fingern zusammengepresst, bis sie aufgeplatzt ist. Nun drückt sie mir die Frucht in die Hand. Sie verströmt ein Aroma, das ein wenig an frisch gemähtes Gras erinnert. Der aus dem Fruchtfleisch hervorquellende Saft wirkt wässrig, enthält aber auch das begehrte Öl. Je reifer die Olive, desto mehr davon. »Du kannst dir die Hände damit einreiben«, lacht Giovanna und macht es mir vor. »Dann bleiben sie immer schön geschmeidig, ganz ohne Creme.«

Fabio und Gabriele helfen Giovanni nun dabei, das Netz Stück für Stück vom Boden anzuheben, sodass sich die Oliven in einer Ecke sammeln und von dort schließlich in eine bereitgestellte Kiste gefüllt werden können. Der Berg von Früchten, der sich schließlich darin anhäuft, ist natürlich ein wunderbares Motiv und wird vom Kameramann aus jedem Winkel ausgiebig festgehalten.

Die verantwortliche Redakteurin sitzt währenddessen unweit von uns auf einem Stuhl im Schatten, trinkt unentwegt Wasser und wischt sich mit einem Taschentuch den Schweiß von der Stirn. Mit einer Jeans und einer dicken Baumwollbluse ist die Frau eindeutig zu warm angezogen.

»Als ich in Rom meinen Koffer gepackt habe, habe ich nicht bedacht, dass hier noch Sommer ist«, stöhnt sie.

Als Anna dazukommt, reden die beiden über die Entwicklung, die das Museo Diffuso in seinen ersten Jahren genommen hat. »Wir haben noch viel zu tun, aber auch schon einiges erreicht. Zum Beispiel konnten wir die einzigartigen, von vulkanischen Dämpfen durchströmten Grotten im Monte Kronio wieder für Besucher zugänglich machen.«

Der dreihundertsechsundachtzig Meter hohe Monte Kronio erhebt sich hinter der Stadt. Um die direkt unter seinem Gipfel liegenden *grotte vaporose* ranken sich uralte Mythen und Legenden, außerdem werden auch ihnen Heilkräfte zugeschrieben. Aus diesem Grund wurde in den fünfziger Jahren auf dem Berg mit der Errichtung eines weiteren großen Hotels begonnen. Doch die Arbeiten zogen sich über Jahrzehnte hin – und als das Gebäude endlich fertig war, wurde wegen erheblicher Planungsmängel keine Betriebserlaubnis erteilt. So verfällt das weithin sichtbare Hotel San Calogero längst wieder zur Ruine, ohne je einen einzigen Gast gesehen zu haben. Eine weitere deprimierende Geschichte, der durch das Museo Diffuso endlich ein neues, positives Kapitel hinzugefügt werden soll.

»Nur noch ein paar Luftaufnahmen, dann ist alles im Kasten«, verkündet der Kameramann zufrieden, als er zwischen den jetzt abgeernteten Olivenbäumen hervorkommt.

Ich blicke ihm über die Schulter, während er die Drohne vorbereitet. Auf einem kleinen Bildschirm laufen die Bilder, die er bereits gestern in Sciacca aufgenommen hat: Zuerst erscheinen die Wohnblöcke in den Außenbezirken aus der Vogelperspektive, dann geht der Flug weiter über das historische Zentrum, das mit engen, verwinkelten Gassen, vielen alten Kirchen und drei erhaltenen Stadttoren bis heute durch die Epochen der muslimischen, normannischen und spanischen Herrschaft geprägt ist. Von oben wirkt die zentrale *piazza*, die wie ein Balkon über dem Hafen liegt, besonders imposant. Die letzten Aufnahmen zeigen die naturbelassenen Strände außerhalb der Stadt und das in der Sonne glitzernde Meer, zuerst in leuchtendem Türkis und dann in unergründlich tiefem Dunkelblau.

»Natürlich müssen auch die Zahlen stimmen«, erklärt Anna inzwischen der aufmerksam lauschenden Redakteurin. »Und bisher tun sie das. Immer mehr Touristen interessieren sich für unsere Angebote. Und die teilnehmenden Betriebe spüren das beim Umsatz. Sogar ein Schreibwarengeschäft, das eigentlich nur als Infopunkt dient und gar nicht auf Touristen ausgerichtet ist, verkauft jetzt mehr. Das hilft natürlich dabei, alle langfristig zu motivieren.«

Ein ambitioniertes Projekt wie das Museo Diffuso zu starten, ist das eine. Es am Laufen zu halten, wenn der erste Enthusiasmus abgeflaut ist, kann sogar noch eine viel größere Herausforderung darstellen. Dabei hilft es, wenn sich die Verantwortung auf möglichst viele Schultern verteilt und das Wohl und Wehe des Projekts nicht von einigen wenigen engagierten Personen abhängt. Und noch besser ist es, wenn für jeden nachvollziehbar ist, dass sein Einsatz etwas bewirkt und sich am Ende auch auszahlt.

»Okay, dann starten wir.«

Eine Weile stand die Drohne leise surrend reglos in der Luft. Nun betätigt der Kameramann einen Hebel der Fernbedienung, der Motor wird viel lauter, und sofort steigt das Gerät rasend schnell nach oben. Ich lege den Kopf in den Nacken, und während ich beobachte, wie sich die Drohne im Blau des Himmels verliert, muss ich wieder an den *aeroporto fantasma* denken. Ob das Thermenhotel jemals wiederauferstehen wird? Oder wird es irgendwann gänzlich verschwunden sein, so wie der alte Flugplatz, von dessen Existenz kaum noch etwas zeugt? Dann wird es vielleicht eine andere, zeitgemäßere Nutzungsform für die vulkanischen Quellen geben. Denn diese werden jedenfalls überdauern, so wie die von Olivenbäumen bedeckte Ebene überdauert hat, die sich nun in der Luftaufnahme auf dem Display des Kameramanns zeigt.

Die Stimme erheben

Das Vermächtnis von Rosa Balistreri

Each time a woman stands up for herself,
without knowing it possibly,
without claiming it,
she stands up for all women.

Wann immer eine Frau für sich selbst
eintritt,
setzt sie sich, wahrscheinlich ohne sich
dessen bewusst zu sein,
ohne es für sich zu beanspruchen,
für alle Frauen ein.

MAYA ANGELOU

Bei ihrem ersten Auftritt ist Rosa Balistreri knapp vierzig Jahre alt. Die kleine, zierliche Frau, die 1927 in der sizilianischen Provinz Agrigent geboren wurde, lebt zu diesem Zeitpunkt seit fünfzehn Jahren in Florenz. Hier in der Toskana bekommt sie im Rahmen einer Kunstausstellung die Gelegenheit, ihr bisher ausschließlich hinter verschlossenen Türen erprobtes Talent öffentlich zu präsentieren.

Die Zuhörer sind schockiert und begeistert zugleich. In Rosas Gesang, den sie mit der Gitarre begleitet, scheint die Stimme Siziliens zu erklingen. Und es handelt sich dabei nicht um das Land des *dolce vita,* der idyllischen Strände und der antiken Sehenswürdigkeiten. Im Dialekt ihrer Heimat besingt Rosa das arme, leidende, trauernde Sizilien: eine karge, von einer unbarmherzigen Sonne ausgetrocknete Welt, Menschen, die auf Feldern oder in den Schwefelminen schuften, die sich keine Bildung leisten können, die jeden Tag Unterdrückung und Ungerechtigkeit erleben und irgendwann keinen anderen Ausweg mehr sehen, als in der Ferne ihr Glück zu versuchen. »*Addiu bella Sicilia, o terra mia nativa, partiri iu vurria e nun turnari cchiù …*« – »Adieu, schönes Sizilien, mein Heimatland, ich will fortgehen und nie mehr wiederkehren …«

Rosa Balistreri singt über das, was sie selbst erlebt und erlitten hat. Als Tochter eines Schusters und einer Hausfrau putzte sie bereits als Kind bei fremden Leuten und verkaufte auf dem Wochenmarkt Gemüse. Für den Schulbesuch blieb dabei keine Zeit. Als Jugendliche wurde sie gegen ihren Willen mit einem deutlich älteren Mann verheiratet, der sich bald als Taugenichts erwies. Als sie nach einigen Jahren – inzwischen selbst Mutter einer Tochter – erfuhr, dass ihr Mann sämtliche Ersparnisse verspielt hatte, attackierte sie ihn mit einer Feile und stellte sich dann, im Glauben, ihn getötet zu haben, den *carabinieri*. Er hatte zwar überlebt, doch sie musste sechs Monate ins Gefängnis und kehrte danach nie mehr zu ihm zurück. Fortan schlug sich Rosa als alleinerziehende Mutter durch, wurde Haushälterin bei einer wohlhabenden Familie. Sie verliebte sich in den Sohn des Hauses. Der schwängerte sie und bezichtigte sie bald darauf des Diebstahls, um sie loszuwerden. Rosa musste deshalb erneut ins Gefängnis, das Kind wurde tot geboren. Später fand sie in einer Kirchengemeinde Zuflucht, doch als der Pfarrer nach einiger Zeit begann, sie sexuell zu bedrängen, stahl Rosa den Opferstock und nutzte das Geld, um Sizilien gemeinsam mit ihrer Tochter und ihrem Bruder zu verlassen. So kam sie nach Florenz, wo sie sich mit dem Verkauf von Gemüse durchschlägt und an einem Abend des Jahres 1966 erstmals öffentlich ihre Lieder singt.

Nichts sehen, nichts hören, nichts sagen. So lautet der Grundsatz, mit dem viele Sizilianer in den vergangenen Jahrzehnten den gesellschaftlichen Problemen ihres Landes begegneten – manche aus Bequemlichkeit, andere aus Angst vor Repressalien. Vor allem Frauen sehen sich auf der Insel bis heute der Erwartung ausgesetzt, sich anzupassen. Sie sollen keine Ansprüche stellen, nicht aus der Rolle fallen und nicht aufbegehren, sondern sich stattdessen um die Kinder kümmern und gute, treue, fleißige Haushälterinnen sein. Viele fügen sich nicht aus Überzeugung in ihr Schicksal, sondern weil die allgemeine wirtschaftliche Not und die persönliche Abhängigkeit von Vätern und Ehemännern ihnen keine andere Wahl zu lassen scheinen. In den vergangenen Jahrzehnten gab es jedoch immer wieder auch Sizilianerinnen, die aus diesem bedrückenden Korsett auszubrechen vermochten, die ihre Stimme erhoben, um für sich und ihre Leidensgenossinnen einzustehen.

Mit ihrem ersten Auftritt in der toskanischen Hauptstadt beginnt für Rosa ein neues, von der Kunst geprägtes Leben. Nur wenige Monate später steht sie in Turin bei »Ci ragiono e canto« auf der Bühne, einem Festival traditioneller Musik. Sie geht auf Tournee und nimmt Schallplatten auf. Mit ihren Liedern stellt sich die Sizilianerin, die sich im Alter von dreißig Jahren selbst das Lesen beibrachte, in die Tradition der *cantastorie,* die einst durch die ländlichen Gegenden der Insel zogen, um von Analphabeten bewohnte kleine Ortschaften mithilfe von Liedern und Bildergeschichten mit den neuesten Nachrichten zu versorgen. Rosa ist die erste Frau, die in diese von Männern dominierte Welt vordringt. Ihr Charisma und die Kraft ihrer Stimme sind so gewaltig, dass sie sich gegen alle Skeptiker und Traditionalisten durchsetzt. »*Canto e cuntu, cuntu e cantu …*« – »Ich singe und erzähle, ich erzähle und singe …«

Rosas größte Stärke ist von Beginn an ihre Authentizität. 1967 veröffentlicht sie das Lied »Un matrimonio infelice« (Eine unglückliche Ehe), in dem sie die tragische Geschichte ihrer eigenen Schwester verarbeitet. Diese war auf der Flucht vor ihrem gewalttätigen Ex-Ehemann ebenfalls nach Florenz gekommen, um bei Rosa in Sicherheit zu sein. Doch Sicherheit gab es für die Geschiedene nicht: Sie wurde von ihrem durch die Trennung in seinem Stolz verletzten Verfolger in der Toskana ausfindig gemacht und getötet.

Nach zwanzig Jahren in Florenz kehrt Rosa 1971 nach Sizilien zurück und lässt sich in Palermo nieder. Trotz ihrer nur selten eingängigen und heiteren, sondern meist melancholisch oder kämpferisch klingenden Melodien nimmt ihr Erfolg auch im neuen Jahrzehnt weiter zu. Sizilianische Intellektuelle zählen zu ihren Freunden und Unterstützern. 1973 ist sie sogar als Teilnehmerin am renommierten Festival von Sanremo eingeplant. Im letzten Moment schließt man sie jedoch von der Veranstaltung aus – angeblich weil ihr geplanter Beitrag nicht den Regeln entspricht. Viele halten für den wahren Grund, dass ein Auftritt Rosa Balistreris vor Millionen von Fernsehzuschauern für die Verantwortlichen zu riskant ist. Denn ihr Lied »Terra che non senti« ist nicht nur eine schonungslose Rekapitulation ihrer eigenen Geschichte, sondern gleichzeitig eine Anklage derjenigen, die in Sizilien das Sagen haben und nichts dagegen tun, dass vielen von Rosas Landsleuten nur eine Wahl bleibt: entweder im Elend zu leben und zu sterben oder auszuwandern. *»Terra ca nun senti, ca nun voi capiri, ca nun dici nenti, vidennumi muriri!«* – »Das Land, das nicht hört und nicht verstehen will, das schweigt, während es mich sterben sieht!«

Rosa Balistreri lässt sich durch den Ausschluss vom Festival in Sanremo nicht entmutigen. »Ich werde meinen Protest nun erst recht herausschreien«, stellt sie klar, als sie mit der Entscheidung konfrontiert wird, »meine Anklagen, den Schmerz meines Landes und den seiner armen Bevölkerung, der Arbeiter, der Tagelöhner, der Arbeitslosen – und den der Frauen, die wie Tiere gehalten werden.«

Nachdem sie ihre Bestimmung gefunden hat, singt die Sizilianerin über zwanzig Jahre lang traditionelle sizilianische Volkslieder sowie Eigenkompositionen. Sie stirbt 1990 in Palermo. Ihre Musik überdauert ihren Tod und wird von jungen sizilianischen Sängerinnen bis heute aufgegriffen und immer wieder neu interpretiert.

Rosa Balistreri hat über ihre Kunst zu einem selbstbestimmten Leben gefunden. Dabei warf sie zugleich grelle Schlaglichter auf die Probleme der sizilianischen Gesellschaft, der sie entstammte. Sie blieb nicht die einzige Frau, der das gelang. Da war etwa Letizia Battaglia, die sich – vom Leben als Hausfrau und Mutter frustriert – scheiden ließ, eine Karriere als Fotografin einschlug und mit ihren authentischen Bildern aus dem von der Mafia geplagten Palermo der achtziger Jahre weltberühmt wurde. Oder die Schriftstellerin Lara Cardella aus Licata, die im selben Jahrzehnt mit ihrem aufsehenerregenden Buch »Volevo i pantaloni« – »Ich wollte Hosen« über ihre Kindheit und Jugend in Sizilien einen globalen Bestseller landete.

Andere Sizilianerinnen wurden allein durch ihren Widerstand zu Symbolfiguren, wie Franca Viola aus Alcamo, die sich 1965 als erste Frau öffentlichkeitswirksam weigerte, ihren Vergewaltiger zu heiraten. Damit löste sie eine längst fällige Debatte über die bis dahin gängige Praxis des *matrimonio riparatore* – also einer die Tat nachträglich legitimierenden Hochzeit – aus und brachte diese letztlich zu Fall. Sonia Alfano hingegen, die Tochter des 1993 von der Cosa Nostra ermordeten Beppe Alfano, erkämpfte sich den Weg durch die Institutionen, um an deren Spitze für Veränderungen einzutreten. Sie wurde schließlich ins Europaparlament gewählt, wo sie 2012 dem »Sonderausschuss gegen organisiertes Verbrechen, Korruption und Geldwäsche« vorsaß.

So inspirierend diese Vorbilder auch sein können: Für eine nachhaltige Verbesserung der Lebenssituation vieler sizilianischer Frauen sind breit angelegte Initiativen nötig, die vor allem die ärmeren und wenig gebildeten Schichten erreichen. Eine solche hat sich mit der Organisation »Cuoche combattenti« (Kämpferische Köchinnen) in Palermo gegründet. Durch die Produktion und den Verkauf von heimischen Spezialitäten bietet sie Frauen aus den Vororten der sizilianischen Hauptstadt Möglichkeiten zum gegenseitigen Austausch und Wege aus der wirtschaftlichen Abhängigkeit von Männern. Damit legt sie nicht nur den Grundstein für ein neues Selbstbewusstsein, sondern sie gibt Frauen nötigenfalls auch die Gelegenheit, sich aus gewalttätigen Beziehungen zu lösen und ihr Leben selbst in die Hand zu nehmen. Dafür braucht man schließlich nicht nur Mut, sondern auch Freunde, die bereit sind, die Mauer des »Nichts sehen, nichts hören, nichts sagen« zu durchbrechen. Die hinsehen, zuhören und Betroffenen helfen, ihre Stimme zu erheben.

Die Targa Florio

Als Sizilien das Mekka des Motorsports war

Le strade delle Madonie non hanno riscontro in nessun'altra parte del mondo. Nessun circuito affascina come questo.

Die Straßen der Madonie finden nirgendwo auf der Welt ihresgleichen. Keine andere Rundfahrt fasziniert wie diese.

SANDRO RANIERI,
La Gazzetta dello Sport, März 1981

Die Stimmung ist ausgelassen. Spannung und Vorfreude liegen in der Luft, so, als wären sich nicht nur die Teilnehmer und Organisatoren, sondern auch die etwa sechzehntausend Zuschauer bewusst, dass sie heute alle gemeinsam zu einem Abenteuer aufbrechen werden, wie es dieses Land noch nie gesehen hat.

Zwei Orchester wechseln sich ab, um all die Menschen zu unterhalten, die an diesem sonnigen Frühlingstag aus allen Teilen Siziliens, aber auch aus ganz Europa in das etwa zwanzig Kilometer westlich von Cefalù gelegene Buonfornello gekommen sind. Während sich die einfachen Leute, von denen viele noch nie ein echtes Automobil gesehen haben, entlang der Strecke drängen, hat man über den Garagen für die Rennfahrzeuge für das besser betuchte Publikum extra zwei riesige, festlich geschmückte Holztribünen errichtet. Hier tummeln sich nun neben Gästen aus dem gehobenen Bürgertum auch Adlige wie der Conte di Morosini und die Principessa di Lancia e Trabia.

Vierhundert Meter nagelneue Eisenbahnschienen verbinden den Schauplatz mit der Strecke Palermo–Messina, was den Transport von Personen und Material erleichtert. Große Zelte beherbergen ein Restaurant und eine Erste-Hilfe-Station, eine hölzerne Brücke ermöglicht Fußgängern das sichere Überqueren der Straße. Der gesonderte Raum für die Vertreter der internationalen Presse bietet aus erhöhter Position eine exzellente Sicht auf die Strecke. Eine Telegrafenstation – die zweite ihrer Art in Italien nach der in Mailand – sorgt dafür, dass praktisch in Echtzeit von dem Spektakel berichtet werden kann, das sich an diesem 6. Mai 1906 im Hinterland der antiken Stadt Himera zuträgt.

Das Hauptquartier der Organisatoren und die Unterkunft für die Piloten sowie die wichtigsten Zuschauer befindet sich standesgemäß im Grand Hotel delle Terme im nahen Termini Imerese. Die Vorbereitungen haben viele Monate in Anspruch genommen, zahlreiche Hindernisse mussten aus dem Weg geräumt werden. Doch nun ist es endlich so weit: Die Motoren heulen auf, der Startschuss fällt. Die »Targa Florio«, ein Straßenrennen, das über Jahrzehnte die Geschichte des Automobilsports prägen wird, ist geboren.

Zu Beginn des 20. Jahrhunderts ist Sizilien eine Insel im Abseits. Im geeinten Italien konzentrieren sich wirtschaftliche Kraft und Innovation im Norden, während sich der Süden immer weiter abgehängt sieht. Die Menschen aus den sizilianischen Dörfern und Städten sind gezwungen auszuwandern. Viele zieht es in die Industriestädte Mailand und Turin, andere bis ins ferne Amerika. Die Insel, die früher wegen ihrer zentralen Lage im Mittelmeer, aber auch wegen ihrer üppigen Getreide-, Obst- und Gemüseernten und später aufgrund ihrer reichen Schwefelvorkommen wirtschaftlich stark und bei allen Mächten Europas begehrt war, verarmt zusehends und blutet aus.

Der dreiundzwanzigjährige Vincenzo Florio entstammt einer reichen palermitanischen Unternehmerfamilie, die an der letzten, noch nicht lange zurückliegenden ökonomischen Blüte Siziliens maßgeblichen Anteil hatte. Seine aus Kalabrien eingewanderten Vorfahren hatten zur Zeit der Napoleonischen Kriege in der sizilianischen Hauptstadt Fuß gefasst. Aus einem kleinen Handelskontor erschufen sie nach und nach ein Wirtschaftsimperium. Die Florios produzierten bald Wein in Marsala und Dosenthunfisch auf Favignana, sie exportierten Schwefel aus den sizilianischen Minen und stellten Stoffe nach dem Vorbild englischer Textilfabriken her. Dabei waren die ehrgeizigen Unternehmer stets auf der Suche nach neuen Produktions- und Vertriebsmethoden. Sie gründeten unter anderem die »Sizilianische

Dampfschifffahrtsgesellschaft«, die sich zu einer Größe im Geschäft mit dem Transport von Waren und Personen auf den Weltmeeren entwickelte. 1881 schloss sie sich mit ihrem wichtigsten italienischen Konkurrenten zu einer der größten Reedereien der Welt zusammen, der »Navigazione Generale Italiana«. Sizilien war dabei, sein Potenzial auszuschöpfen – und die Florios hatten sich dabei zu einer der reichsten Familien Italiens gemausert.

Gegen Ende des 19. Jahrhunderts galt Palermo nicht nur als wirtschaftlich, sondern auch als kulturell aufstrebende Stadt, die den Vergleich mit Paris nicht scheute. Investitionen der Familie Florio, beispielsweise in den Bau des Teatro Massimo, leisteten dazu einen wesentlichen Beitrag. Der russische Zar Nikolaus war in jenen Jahren in den prunkvollen Villen der Unternehmerdynastie ebenso zu Gast wie der deutsche Kaiser Wilhelm II. und der italienische König Umberto I.

Doch Bankenkrisen und die Veränderung der wirtschaftlichen Bedingungen im neuen Nationalstaat hatten das bis dahin scheinbar unaufhaltsame Wachstum der Florio'schen Geschäfte zu dieser Zeit bereits in ihren Fundamenten erschüttert. Nach der Jahrhundertwende spitzte sich die prekäre wirtschaftliche Lage weiter zu. Vincenzos älterem Bruder Ignazio, der inzwischen die Geschäfte führte, gelang es nicht, die verhängnisvolle Dynamik umzukehren. Zwar lebte man privat noch auf großem Fuß, doch das Ende der Unternehmerdynastie zeichnete sich bereits als dunkle Zukunftsaussicht am Horizont ab – und mit ihm der Abstieg Siziliens von einem Handels-, Wirtschafts- und Kulturzentrum zu einer rückständigen Provinz am äußersten Rand des italienischen Staates.

Vincenzo Florio lässt sich durch diese Rückschläge nicht beirren. In seiner Begeisterung für den gerade im Entstehen begriffenen Motorsport ist ihm beim Besuch einer Rennstrecke in Frankreich die Idee gekommen, seine sizilianische Heimat zu einem Zentrum dieser hochmodernen, nur von wenigen vermögenden und technikbegeisterten Abenteurern betriebenen Sportart zu machen. Auf einer Landkarte hat Vincenzo spontan einen Rundkurs skizziert, der die Teilnehmer auf hundertachtundvierzig Kilometern durch das faszinierende und unwegsame Gebiet der Madonie führen wird: von Cerda über Caltavuturo bis auf die Hochebene von Petralia Soprana, dann über Castelbuono zum zweithöchsten Berg Siziliens, dem im Winter schneebedeckten Pizzo Carbonara, und wieder zum Ausgangspunkt. Mensch und Maschine dürften hier bis zum Äußersten gefordert werden – und das in einer der schönsten Gebirgslandschaften Süditaliens, zwischen deren Gipfeln immer wieder das Blau des Tyrrhenischen Meeres aufblitzt. Sizilien soll sich bei diesem Spektakel von seiner besten Seite präsentieren und beweisen, dass es nicht nur über eine große Vergangenheit verfügt. In Vincenzos Augen wird die technische Avantgarde der Automobilisten der Insel auch in Zukunft ihren Platz in der modernen Welt sichern.

Nur ein Jahr später ist Vincenzos Vision Realität geworden. Zehn Autos sind am Start, der Rundkurs durch die Madonie wird dreimal absolviert, nach mehr als neuneinhalb Stunden ist das Rennen beendet, sieben Teilnehmer haben das Ziel erreicht. Mit dreißig Minuten Vorsprung gewinnt Alessandro Cagno in seinem Itala mit einer Durchschnittsgeschwindigkeit von sechsundvierzig Kilometern pro Stunde. Er ist damit der Erste, der die »Targa Florio« erhält – die von dem berühmten Jugendstilkünstler Lalique gestaltete Plakette, nach der das Rennen benannt ist.

Nach diesem vielversprechenden Auftakt entwickelt sich das Rennen nach dem Ersten Weltkrieg zum prestigeträchtigen Dauerbrenner. Jahr für Jahr bringen nun die besten und waghalsigsten Piloten die leistungsfähigsten Boliden ihrer Zeit nach Sizilien, um sich auf der malerischen Route in den Bergen miteinander zu messen. Auch der junge Enzo Ferrari ist mit von der Partie und erreicht 1920 in seinem Alfa Romeo den zweiten Platz. Mit dem stetig wachsenden Interesse wächst der Start- und Zielbereich zu einer Kleinstadt aus Tribünen, Garagen, Sanitätsgebäuden, Verpflegungsständen und Geräteschuppen an, die bald »Floriopolis« genannt wird.

Ihrem Gründer Vincenzo Florio bietet die Organisation und die Vermarktung der Targa die Möglichkeit, sich von persönlichen Rückschlägen und Tragödien abzulenken. So stürzt er sich noch mehr in die Arbeit, nachdem seine erste Frau 1911 nur zwei Jahre nach der Hochzeit an der Cholera verstorben ist. Dazu kommen weitere wirtschaftliche Katastrophen für die Familie: Schon 1909 verliert sie ihre Anteile an der »Navigazione Generale Italiana«, und in den folgenden zwei Jahrzehnten braucht sie das private Vermögen nach und nach auf, um die immer größer werdenden finanziellen Lücken in ihren verschiedenen Unternehmen zu stopfen.

Gleichzeitig bleiben die Florios in der Epoche des Jugendstils wichtige Identifikationsfiguren für die Sizilianer. Das gilt vor allem für Vincenzos Schwägerin Franca, die ob ihrer Eleganz, ihres teuren Schmucks und ihrer stilvollen Kleidung als »Königin Palermos« gilt. Auch Vincenzo genießt weiterhin sein Jetset-Leben, und mit der Französin Lucie Henry hat er auch bald wieder eine Frau an seiner Seite, die nicht nur schön, intelligent und modern ist, sondern sich zudem in der High Society und unter Europas Künstlern zu bewegen weiß.

Als Vincenzo Florio 1959 stirbt, steht seine Schöpfung auf dem Höhepunkt ihrer Strahlkraft. Doch weil die technische Entwicklung das Rennen auf den engen sizilianischen Schotterpisten immer schneller werden lässt – 1972 stellt der Sieger mit einer Durchschnittsgeschwindigkeit von mehr als hundertzweiundzwanzig Kilometern in der Stunde den ewigen Rekord auf –, gerät es, wie auch andere Straßenrennen dieser Zeit, zunehmend in die Kritik. Bereits ab 1974 ist die Targa nicht mehr Teil der Weltmeisterschaft. Als dann beim Rennen von

1977 Gabriele Ciuti mit seinem Osella PA5 schwer verunglückt und zwei Zuschauer in den Tod reißt, bedeutet dies endgültig das Aus. Die Targa Florio, die während der vergangenen sieben Jahrzehnte Motorsportgeschichte geschrieben hat, wird in dieser Form nie mehr ausgetragen werden.

In Palermo erinnert heute die Piazza Florio an die Unternehmerdynastie, die einst Sizilien prägte. Außerdem tragen verblasste Aufschriften auf Etiketten alter Thunfischdosen ihren Namen, und einige der imposanten Anwesen der Familie haben ganz oder teilweise überdauert: die Villa Igiea am Fuße des Monte Pellegrino, die heute ein Luxushotel beherbergt, oder das ehemals prunkvolle Anwesen der Familie in Arinella mit dem Namen »Quattro Pizzi«. Doch dass der Name Florio in Sizilien und weit darüber hinaus nie ganz in Vergessenheit geraten ist, ist wohl hauptsächlich der Targa zu verdanken.

Mehr als vierzig Jahre sind seit der letzten Ausgabe vergangen. Das Dröhnen der Rennmotoren ist längst verklungen, »Floriopolis« mit seinen Boxen, Garagen und Tribünen steht heute als langsam verfallendes Ensemble in der Landschaft, als wäre es ein Sinnbild für den idealistischen Traum von einem modernen, zukunftsorientierten Sizilien. Die einzigartige Landschaft der Madonie ist jetzt ein Nationalpark, in dem Touristen beim Wandern Ruhe und Erholung suchen. Städtchen wie Isnello oder Geraci Siculo, die einst auf dem Plan des

Rundkurses lagen, krallen sich nach wie vor spektakulär an die grünen Berghänge. Die Straßen, die dorthin führen, sind heute größtenteils asphaltiert, doch Serpentinen und steile Abgründe machen die Fahrt noch immer anspruchsvoll. Und wenn hin und wieder ein Schild darauf hinweist, dass exakt an dieser Stelle einst die Rennstrecke der Targa Florio verlief, sind die großen Abenteuer vergangener Tage plötzlich wieder gegenwärtig.

In einem anderen Land

Rosarios Leben zwischen Düsseldorf und Cefalù

Emigrare significa rifiutare di non star bene in un posto ed imparare a non star mai più bene da nessuna parte.

Auswandern bedeutet, es abzulehnen, sich an einem Ort nicht wohlzufühlen, und zu lernen, sich nirgendwo mehr wohlzufühlen.

Alessandro Bruno

»Fortuna Düsseldorf wünscht Frohe Weihnachten«, steht auf einem Poster, das direkt gegenüber der Eingangstür unter der Decke hängt. Das dazugehörige Mannschaftsfoto ist ausgeblichen, die Frisuren und Schnurrbärte der Spieler stammen unverkennbar aus den frühen neunziger Jahren. Daneben, kaum weniger verblasst, ein Bild der 1992 ermordeten Anti-Mafia-Ermittler Giovanni Falcone und Paolo Borsellino. In einem Regal an der Rückwand stapeln sich Schuhe für Damen, Herren und Kinder, einzeln oder auch paarweise. Manche scheinen fast neu, andere sind bereits abgetragen, zwischen einfachen Modellen finden sich hier und da auch hochwertigere.

Auf die vergilbten Schachteln im Schrank neben der Werkbank wurden vor langer Zeit mit Filzstift deutsche Begriffe geschrieben: »Bürste«,

»Leder«, »Riemen« und »Schlösser«. An der Scheibe in der Eingangstür, die an diesem strahlenden Sommertag weit offen steht, kleben Sticker. Einer davon zeigt die Skyline von Düsseldorf mit dem Rheinturm, ein anderer den jungen Karl-Heinz Rummenigge im blau-schwarz gestreiften Dress von Inter Mailand. Vieles in dieser Werkstatt erinnert an ein anderes Land. Eines, das nicht nur mehr als tausend Kilometer Luftlinie entfernt ist, sondern auch mehr als vier Jahrzehnte.

»Das ist eigentlich eine gute Marke«, sagt Rosario. Die Stimme des Schusters ist tief und rau. Wenn er deutsch spricht, klingt trotz des starken italienischen Akzents der rheinische Einschlag unverkennbar mit. »Aber leider nicht mehr die gleiche Qualität wie früher.«

In seinen von Jahrzehnten der Arbeit gezeichneten Händen dreht und wendet er die Sandale, die die Touristin aus Bayern mit in seine Werkstatt gebracht hat. Die Sohle hat sich gelöst, das wird er kleben. Am Nachmittag könne sie wiederkommen, versichert er der Kundin, dann werde ihr Schuh wieder einsatzbereit sein. Die junge Frau nickt erfreut, verabschiedet sich und verschwindet im nächsten Moment in der nicht enden wollenden Touristenkarawane, die draußen vorbeiflaniert.

Rosarios Arbeitsplatz liegt in der Via Vittorio Emanuele, einer der beiden Hauptverbindungsachsen in der Altstadt von Cefalù, nur eine Häuserzeile vom Strand entfernt. Hier reihen sich Souvenirläden, Bademoden- und Handtaschengeschäfte, Bars, Restaurants und Eisdielen aneinander. Das altmodische gelbe Schild mit der großen deutschsprachigen Aufschrift »Schuh-Reparatur« und der viel kleiner gehaltenen italienischen Entsprechung *»riparazione scarpe«* darunter scheint kaum zwischen all die bunten touristischen Lockangebote zu passen.

Tourismus gab es in Cefalù schon so lange, wie sich der siebzigjährige Rosario zurückerinnern kann. Doch heute ist die Vierzehntausend-Einwohner-Stadt nach Taormina das zweitbeliebteste Reiseziel auf Sizilien. Ein Kauderwelsch aus englischen, französischen, deutschen und italienischen Worten hallt von morgens bis abends zwischen den Fassaden der betagten *palazzi* wider, in deren oberen Stockwerken immer weniger Einheimische leben, weil inzwischen sehr viele Wohnungen in der Altstadt tage- oder wochenweise an Gäste vermietet werden. Kein Wunder: Die charakteristische, von den zwei Türmen des wuchtigen Doms dominierte Silhouette des *centro storico* ziert heute nicht nur viele Cover von Reiseführern und -magazinen. Sie dient auch im Internet als Blickfang für unzählige Beiträge über die Sehenswürdigkeiten der Mittelmeerinsel.

Die Kulturbeflissenen unter den Besuchern steuern zielstrebig auf den Dom zu, um die Feinheiten des arabisch-normannischen Baustils aus der Nähe zu betrachten – und natürlich den Pantokrator zu sehen, das riesige Mosaik aus dem 12. Jahrhundert in der Apsis des Gotteshauses. Wer sportliche Ambitionen hat, erklimmt die Rocca und findet sich nach dem steilen und bei Sommerhitze besonders anstrengenden Aufstieg zwischen den Ruinen einer alten Festung wieder. Von hier blickt man aus zweihundertsiebzig Metern Höhe über die rostroten Dächer der Altstadt auf das Meer und die zerklüftete Küste. Bei guter Sicht kann man im Westen sogar den Monte Pellegrino ausmachen, in dessen Schatten sich Palermo ausbreitet.

Nicht zuletzt ist Cefalù auch ein Mekka für Badetouristen. Nur ein paar Schritte trennen Rosarios Werkstatt von der kleinen Piazza Marina und dem alten Hafen. Im Schutz der Mole beginnt hier der Stadtstrand, der sich unter den Fassaden der Häuser des *centro storico* entlangzieht und bis weit hinaus vor die Neubauviertel und die modernen Hotelanlagen reicht. Im heißen Sand reihen sich zunächst Handtücher und dann die Liegen der *bagni* aneinander. Auf den meisten streckt sich je ein von Schweiß oder Sonnencreme glänzender Körper aus, die Besitzer der anderen waten wahrscheinlich gerade durchs knietiefe, lauwarme Wasser, das Smartphone in der Hand, auf der Suche nach dem perfekten Selfie, auf dem das türkisblaue Wasser ebenso zu sehen ist wie die malerische Kulisse der Altstadt. Wo die sanften Wellen auf den Strand treffen, schaufeln kleine Kinder unter den Augen ihrer Eltern Sand in winzige Plastikeimer, Gruppen von Jugendlichen werfen einander Bälle zu, posieren, lachen. Dazwischen preisen Verkäufer lautstark Sonnenbrillen, Modeschmuck oder gekühlte Getränke und Snacks an, Musik aus Handylautsprechern mischt sich mit dem Rhythmus des Basses, der von der Bar an der *piazza* herüberdringt.

Rosarios Familie stammt aus Pollina, einer kleinen Ortschaft, die nur ein paar Kilometer von Cefalù entfernt spektakulär auf der Spitze eines Berges thront. Wo man vor Jahrhunderten gut geschützt vor Piratenüberfällen und anderen Bedrohungen lebte, stehen heute viele Häuser leer. Fast nur ältere Menschen sind geblieben, die jungen pendeln zur Arbeit nach Cefalù oder Palermo, da wohnt man besser am Fuß des Berges, nahe an der Autobahn.

Rosarios Vater zog es schon vor langer Zeit weg. 1958 ging er als Gastarbeiter nach Deutschland, erst war er in München, dann in Düsseldorf. Die Mutter blieb zunächst mit den fünf Kindern in Sizilien zurück. Doch die beiden ältesten Söhne, Rosario und sein Bruder, machten es ihr nicht leicht. Wenn der Schuster heute davon erzählt, sagt er, sie seien eben Spitzbuben gewesen. Dabei zwinkert er, und ein schelmisches Lächeln umspielt seine Lippen – für einen Moment scheint der kleine Junge mit dem Schalk im Nacken in diesem älteren Herrn in der dunklen Arbeitskleidung wieder aufzublitzen.

Als die Brüder eines Tages sogar von der Polizei nach Hause gebracht wurden, war die Mutter mit ihrer Geduld am Ende. Sie schickte sie zum Vater nach Deutschland. Damals war Rosario dreizehn Jahre alt. Er kam in ein Land, dessen Sprache er nicht beherrschte und in dem er keine Freunde hatte. Wenn man ihn fragt, sagt er, er habe sich schnell eingelebt, sich durchgeboxt. Klar, für die Kinder in der Nachbarschaft seien er und sein Bruder die »Spaghettifresser« gewesen oder auch mal »Mafiosi«. Verletzt habe ihn das nicht. So habe man eben geredet, damals.

Es dauerte einige Jahre, bis schließlich auch der Rest der Familie in Deutschland war. In die alte Heimat kamen sie nur noch während der Sommerferien. Mit zwei Autos fuhren sie dann los, damit alle Platz fanden, sie waren mehr als eine Nacht und einen Tag ununterbrochen auf der Straße.

Die Sonne brennt vom wolkenlosen Himmel, sodass es selbst in den schattigen Gassen Cefalùs immer heißer wird. Draußen haben die Eisverkäufer inzwischen Hochkonjunktur, und Rosario tupft sich in seiner Werkstatt mit einem Taschentuch den Schweiß von der Stirn. Er hat die Sandale in einen Schraubstock gespannt, wo sie ein paar Stunden bleiben wird, bis der Klebstoff komplett getrocknet ist. Jetzt spricht er am Telefon. Ein paar Worte auf Italienisch, dann steckt er das Handy wieder in die Tasche, die an der Wand neben einem kleinen Porträt des heiligen Giuliano, des Patrons der Gemeinde Pollina, befestigt ist.

Dass das Leben ihn einmal wieder zurück nach Süditalien führen würde, hätte Rosario früher wohl selbst nicht angenommen. Er war jedenfalls das, was man in Deutschland als »gut integriert« bezeichnet. Nach der Schule lernte er in Düsseldorf das Schuhmacherhandwerk und arbeitete zwischenzeitlich in einer Reinigungsfirma, bevor er schließlich eine Werkstatt übernehmen konnte. Da hatte er bereits eine einheimische Frau kennengelernt und sie geheiratet, die beiden bekamen einen Sohn. Jedes Jahr feierte der Schuster begeistert Karneval. Und natürlich drückte er der Fortuna die Daumen, die mit Kapitän Klaus Allofs im Europapokal spielte. Zum italienischen Patrioten wurde er nur bei der Weltmeisterschaft 1982, als Italien und Deutschland im Finale waren. Am Ende stand der Triumph der *Azzurri*, und die Erinnerung daran, wie die italienische Gemeinde in Düsseldorf ausgelassen feierte, während die deutschen Nachbarn und Arbeitskollegen nur resigniert zusehen konnten, sorgt bei ihm noch heute für beste Stimmung.

Alles wäre gut gewesen – hätte Rosario nicht immer wieder nach Luft gerungen. Er litt an Asthma, und die Krankheit verschlimmerte sich stetig. Eine Odyssee zu unzähligen Ärzten änderte daran nicht viel. Kortisontabletten verschafften ihm in akuten Phasen wenigstens etwas Linderung. Ansonsten half nur der Sommerurlaub mit der Familie in Sizilien. Dort waren die Beschwerden stets wie weggeblasen, nur um bei der Rückkehr nach Düsseldorf zuverlässig wieder aufzutreten. Irgendwann führte sein Arzt ein sehr ernstes Gespräch mit Rosario. Er solle besser dauerhaft im

Süden bleiben, stellte der Mediziner klar, sonst riskiere er, jung zu sterben. Wie es das Schicksal wollte, wurde in Cefalù genau zu diesem Zeitpunkt eine kleine Schuhmacherwerkstatt in der Via Vittorio Emanuele frei. Wenn so etwas kein Zeichen ist, was dann?

Neben der Theke, die den winzigen Eingangs- vom ebenfalls beengten Arbeitsbereich trennt, hängt eine Collage aus alten Fotos. Sie zeigen einen etwas schmächtigeren Rosario mit weniger Falten um die Augen, dessen Haar zwar noch nicht ergraut, aber ebenso kurz geschoren ist wie heute. Auf einem der Bilder steht er in seiner Düsseldorfer Schuhmacherwerkstatt. Sie wirkt viel geräumiger als die, in der er heute arbeitet.

Gesundheitlich geht es Rosario tatsächlich besser, seit er wieder in Sizilien lebt. Was die Arbeit betrifft, war es früher allerdings einfacher: In Düsseldorf gab es viel Kundschaft, die Wert auf Qualität legte. Rosario arbeitete hart, verdiente aber auch gutes Geld. Heute wird er meist mit Kleinigkeiten beauftragt, für die er nicht viel verlangen kann. In einem Monat nimmt er in Cefalù etwa so viel ein wie in Deutschland in einer Woche.

Doch das Leben besteht nicht nur aus Arbeit. Der Umzug hat ihn auch privat viel mehr gekostet, als er zunächst geglaubt hätte. Wie ihr Mann früher jeden Sommer nach Italien gefahren war, verbrachte Rosarios Frau nun regelmäßig die warme Jahreszeit mit dem gemeinsamen Sohn in Deutschland. An einem sonnigen Tag im Juni 1992 erfuhr er, dass sie diesmal nicht mehr zurückkommen würden.

Ein Halbwüchsiger hat einen Ledergürtel vorbeigebracht. Ein paar Handgriffe, dann hat ihn Rosario wie gewünscht mit einem zusätzlichen Loch versehen, und ein paar Münzen wechseln den Besitzer. Als der Junge die Werkstatt verlässt, grüßt der Schuster ein etwa vierjähriges Mädchen, das an der Hand seiner Mutter draußen vorbeispaziert.

»Ciao, Annina, ciao, Matilda!« Rosario winkt, die kleine Annina winkt zurück. Die Mutter nickt kurz und zieht ungeduldig am Arm ihrer Tochter. Die beiden haben es heute wohl eilig. Schade, Rosario hätte nichts gegen einen kleinen Plausch gehabt.

Matildas Geschichte ähnelt seiner. Sie verbrachte ihre ersten Lebensjahre in Baden-Württemberg, wohin ihre Eltern ausgewandert waren. Im Gegensatz zum Schuster spricht sie allerdings heute kaum mehr Deutsch. Das ist für sie lange vorbei, nur noch eine verblasste Erinnerung. Matilda ist wieder in Sizilien angekommen, mit ihrer Familie, mit ihrer gesamten Existenz.

Und Rosario? Die Lücke, die die Rückkehr nach Italien in sein Leben riss, wird er wohl immer spüren, auch wenn er seit Jahrzehnten nicht mehr in Deutschland wohnt. Er hat dort inzwischen Enkelkinder, die er gern kennenlernen würde. Aber das Verhältnis zu seinem Sohn sei schwierig, sagt er, sie hätten kaum Kontakt. Er kratzt sich dabei am Kopf, weil er in solchen Augenblicken nicht so recht weiß, was er mit seinen Händen anfangen soll. Auch Rosarios Geschwister leben weiterhin in Deutschland. Nur noch ein paar Tage, dann kommt sein Bruder wieder einmal zu Besuch. Er macht hier Urlaub, wie zahllose andere Leute auch, und reist dann wieder ab.

Wäre der Schuster heute glücklicher, hätte auch er in Düsseldorf bleiben können? Immerhin hat er sich als junger Mann an vieles gewöhnt, was dort selbstverständlich ist: Zuverlässigkeit, Ordnung, Gerechtigkeit. In Sizilien erscheint ihm dagegen alles chaotisch, nicht nur der Verkehr und die Müllabfuhr. Wenn du ernsthaft krank bist, bist du in Deutschland weit besser dran, erzählt er seinen Freunden, mit denen er jeden Sonntagnachmittag oben in Pollina auf dem Marktplatz beisammensitzt. Von der Rente gar nicht erst zu reden. Die Herren schimpfen oft über die Bürokratie, die in ihrem Land ein Albtraum ist, und darüber, dass hier viel zu viel Geld in irgendwelchen dunklen Kanälen versickert. Auf kaum etwas ist Verlass, jeder muss kämpfen und selbst sehen, wo er bleibt.

Nicht ohne Grund führt ein deutschsprachiges Schild zu Rosarios Werkstatt. Er freut sich bis heute über jeden Kunden aus seiner einstigen Heimat. Weil er auf die Erfahrungen, die er am Rhein gesammelt hat, stolz ist, steckt der Raum voller Erinnerungen an das Land, das ihn als Kind aufnahm, in dem er seine Ausbildung absolvierte, eine Familie gründete und seine besten Jahre verbrachte.

Aber da blicken eben auch Giovanni Falcone, Paolo Borsellino und der heilige Giuliano auf Rosario und seine Kundschaft herab. Der Schuster drückt nicht nur der Fortuna aus Düsseldorf die Daumen, sondern selbstverständlich auch dem FC Palermo, der nach einigen Krisen und Skandalen gerade wieder in die zweite italienische Liga aufgestiegen ist. Und die süditalienische Flexibilität, die so gar nicht dem deutschen Pflichtbewusstsein entspricht, hat auch ihre Vorteile. Wenn etwas dazwischenkommt, verlängert Rosario manchmal spontan seine Mittagspause oder er lässt das Geschäft einen Vormittag lang geschlossen – und darüber wundert sich hier niemand.

Rosario ist zweifellos ein Sizilianer, auch wenn er in seinem Herzen zugleich immer ein Düsseldorfer bleiben wird. Das mag eine ungewöhnliche Kombination sein, aber es ist sicher nicht die schlechteste. Im Großen und Ganzen kommt er ja auch gut zurecht. Nur als neulich in der Nachbarschaft das Gerücht umging, er werde seine Werkstatt demnächst schließen, da war Rosario für einen Moment wirklich zornig. Das Geschäft aufgeben? Damit hier bald der nächste Handtaschenladen oder noch ein Souvenirshop einzieht? Nicht im Traum! Wie lange hat er denn noch vor, weiterzumachen? Bei dieser Frage erscheint ein breites Grinsen auf seinem Gesicht, und er antwortet wie aus der Pistole geschossen: Mindestens noch zwanzig Jahre! Da ist es wieder, das spitzbübische Lächeln. Kein Zweifel: In seiner kleinen Werkstatt in der Via Vittorio Emanuele geht Rosario die Puste so schnell nicht aus.

Süßes Sizilien

Der Geschmack der Kindheit

> *Leave the gun, take the cannoli.*
>
> *Lass die Pistole, nimm die Cannoli.*
>
> RICHARD CASTELLANO
> als Peter Clemenza in »The Godfather«

Roberto Gambino hat, wie bei offiziellen Auftritten üblich, die Schärpe in den Farben der italienischen Trikolore umgelegt. Es ist ein sonniger, warmer Septembertag, hin und wieder weht dem Bürgermeister von Caltanissetta eine wohltuende Brise eine Strähne seines halblangen ergrauten Haares in die Stirn. Er stützt beide Hände auf das Rednerpult und blickt ins Publikum. Ganz vorn stehen Dutzende mit weißen Schürzen und Kochmützen bekleidete Konditoren, zwischen ihnen einige Ehrengäste in feinen Anzügen.

»Wir denken an unsere Kindheit«, sagt Gambino und beendet damit eine lange Kunstpause. In den hinteren Reihen nicken einige der sich dort drängenden Schaulustigen, und der Bürgermeister fährt fort: »Wir denken an die Familie, an unsere Lieben. Der *cannolo* steht für die Kultur und die Bräuche unserer Region, aber auch für die menschliche Wärme und das Zusammengehörigkeitsgefühl ihrer Bewohner.«

Roberto Gambino spricht in feierlichem Ton von Erinnerungen, Nostalgie und Sehnsüchten. Gewichtige Worte, die auch dem größten Ignoranten klarmachen dürften: Der *cannolo siciliano* – das frittierte und mit Ricottacreme gefüllte Teigröllchen, das man in den Auslagen fast aller Konditoreien Siziliens und ganz Italiens findet – ist viel mehr als nur irgendeine Süßigkeit. Und heute, bei der Präsentation des größten je zubereiteten *cannolos* der Welt, wird das besonders gewürdigt. Der imposante Rekordhalter streckt sich derweil, vor der Sonne durch ein Zeltdach geschützt, auf einer schier endlosen, hellblau gedeckten Tafel unweit des Rednerpults aus. Die Teigrolle ist über einundzwanzig Meter lang, hat einen Durchmesser von dreiundvierzig Zentimetern und enthält neben gigantischen siebenhundert Kilogramm Ricotta auch dreihundertfünfzig Kilogramm Zucker. Hergestellt wurde das Ungetüm von Konditoren aus dem ganzen Land, unter der Anleitung von Lillo Defraia, einem berühmten *pasticciere* aus Caltanissetta, der bereits Papst Johannes Paul II. mit seinen süßen Köstlichkeiten verwöhnt hat.

Natürlich ist das Ganze in erster Linie ein Marketingevent. Es geht darum, der in Zentralsizilien gelegenen und von Touristen oft übersehenen Stadt Caltanissetta zu mehr Aufmerksamkeit zu verhelfen. Der Stolz und die Begeisterung der Einheimischen sprechen für sich – offenbar haben die Organisatoren mit dieser Aktion einen Treffer gelandet. Kein Wunder, gelten die traditionellen sizilianischen Süßigkeitenkreationen doch weithin als die vielseitigsten und besten ganz Italiens.

Die meisten sizilianischen *dolci* wurden hinter Klostermauern erfunden, ihr Verkauf stellte für die Ordensgemeinschaften eine wichtige Einkommensquelle dar. So sollen auch die *cannoli,* wie man sie heute kennt, vor Jahrhunderten in einem Konvent in der Nähe von Caltanissetta entwickelt worden sein – allerdings basierend auf einer viel älteren, bereits von den Römern kreierten und dann von den Arabern verfeinerten Spezialität. Damit die mit einem Schuss Marsala veredelten, dünnen Teigscheiben die charakteristische Röhrenform bekamen, wickelte man sie früher um ein Schilfrohr – italienisch *canna* –, was ihnen noch heute den Namen gibt, auch wenn man für diesen Arbeitsschritt inzwischen Metallstäbe verwendet. Die Röllchen werden in Fett herausgebacken und – möglichst kurz vor dem Verzehr, damit der Teig kross bleibt – mit einer mit Schokoladenstückchen versehenen Ricottacreme gefüllt. Die auffällige Verzierung der abgeschrägten Enden mit kandierten Früchten oder Pistaziensplittern, die viele Konditoreien vornehmen, erfreut das Auge, gehört aber nicht zum Grundrezept.

Während der Einfluss der arabischen Herrschaft über Sizilien auf die *cannoli* unklar ist, ist er bei einer anderen, nicht weniger typischen Süßwarenspezialität der Insel nicht von der Hand zu weisen. Die *cassata,* eine Torte, auf deren weißer

Zuckerglasur stets knallbunte kandierte Früchte zu fantasievollen Mustern arrangiert werden, besteht größtenteils aus Zutaten, die die Eroberer im Mittelalter aus dem Orient und aus Nordafrika mit auf die Insel brachten: Bitterorangen, Mandarinen und Zitronen, aber auch Mandeln und Zucker und das daraus hergestellte Marzipan, das gemeinsam mit einem Biskuitteig die Hülle bildet, die mit Ricottacreme und Schokosplittern gefüllt ist.

Cannoli, die früher als Spezialität der Karnevalszeit galten, bekommt man heute auf Sizilien das ganze Jahr über. Dasselbe gilt für die *cassata*, die als »Königin der sizilianischen *dolci*« allerdings noch immer eng mit dem Osterfest auf der Insel verbunden ist. »*Tintu è cu nun mancia a cassata a matina ri Pasqua*«, lautet dementsprechend ein sizilianisches Sprichwort: »Schäbig ist, wer am Ostermorgen keine *cassata* genießt!«

Aus purem Marzipan, das hier den klangvollen Namen *pasta reale* trägt, wird auf Sizilien eine weitere zuckersüße Spezialität hergestellt, die nicht nur geschmacklich, sondern vor allem auch optisch überzeugt – und nicht selten verblüfft. Liegen da tatsächlich kleine Orangen, Äpfel, Bananen, Erdbeeren und Kaktusfeigen in der Auslage der *pasticceria?* Natürlich nicht, es handelt sich um die *frutta di Martorana*, täuschend echte Marzipan-Nachbildungen dieser und anderer Obstsorten. Auch hier sollen bei der Erfindung Nonnen am Werk gewesen sein. Die Legende besagt, dass man in dem Kloster, das zu der palermitanischen Kirche Santa Maria dell'Ammiraglio gehörte, den Besuch des Bischofs – manche behaupten sogar, der Gast sei Papst Clemens V. gewesen – erwartete. Da im Herbst im Klostergarten keine Früchte wuchsen, seien die Nonnen auf die Idee gekommen, die Bäume mit sorgfältig bemalten Marzipan-Nachbildungen zu behängen. Die Überraschung gelang, der hohe Besuch war verzückt, und die *frutta di Martorana* verbreitete sich über die ganze Insel.

Eine andere Ursprungslegende behauptet hingegen, die Klostergründerin Elia Martorana habe die bei den Nonnen untergebrachten Waisenkinder regelmäßig mit Marzipanobst für gutes Betragen belohnt. Nach Elias Tod hätten ihre Mitschwestern beschlossen, diese Tradition beizubehalten, und den Kindern jeweils am 2. November, dem Totengedenktag, morgens ein Körbchen mit den süßen Kunstwerken als Geschenk der Verstorbenen Elia an die Betten gestellt. Diese Entstehungsgeschichte könnte zumindest einen wahren Kern haben, denn tatsächlich werden sizilianische Kinder noch heute jedes Jahr zur *festa dei morti* von ihren verstorbenen Ahnen – oder vielleicht doch von den Eltern? – mit der *frutta di Martorana* verwöhnt.

Da die *dolci* derart eng mit der Lebensart, der Kultur und der Geschichte Siziliens verknüpft sind, haben sich auch die Literaten der Insel immer wieder mit ihnen befasst. So beschrieb Giuseppe Tomasi di Lampedusa in seinem epochalen Sizilien-Roman »Der Leopard« ausführlich das üppige Nachspeisenbuffet bei einem Festmahl – und die

Empörung eines anwesenden Geistlichen, als er der Törtchen gewahr wird, die offensichtlich die Form einer weiblichen Brust nachbilden. Mit dieser Textpassage hat Lampedusa für Kontroversen gesorgt. Nicht etwa deshalb, weil der Pfarrer am Ende trotz seiner Entrüstung der Verlockung des Törtchens erliegt. Der Disput entbrannte vielmehr, weil verschiedene Gegenden Siziliens die Ehre beanspruchten, in der Szene ihre lokale Spezialität beschrieben zu sehen.

Die *minuzze di Sant'Agata*, die in Catania vor allem zum Fest der Stadtpatronin zubereitet werden, scheinen Leopardis Beschreibung tatsächlich zu entsprechen: Die mit Zuckerglasur überzogenen Biskuit-Ricotta-Törtchen in Form einer Halbkugel werden von einer kandierten Kirsche gekrönt, was ihnen zweifellos das Aussehen einer Frauenbrust verleiht. Doch die Konditoren im weit im Westen der Insel gelegenen Sambuca di Sicilia beharrten darauf, dass im »Gattopardo« von ihrem traditionellen Gebäck die Rede sei: den *minni di vergine*, zu Deutsch »Jungfrauenbrüsten«. Äußerlich ähneln die mit bunten Streuseln verzierten Küchlein aus Sambuca den Konkurrenten aus Catania, auch wenn der Zuckerguss fehlt und eine von Hand modellierte Teigspitze, die sich beim Backen dunkel färbt, die Kirsche ersetzt. Doch die wahren Unterschiede zeigen sich im Inneren: Anstelle einfacher Ricottafüllung findet man in den *minni di vergine* eine bunte Mischung aus allem, was süß ist und glücklich macht. Neben Milchcreme und Schokolade ist das vor allem die aus der sizilianischen Backtradition nicht wegzudenkende *marmellata di zucchine,* eine aus dem Schlangenkürbis hergestellte Konfitüre, die sich mit ihrer grünen Farbe auch bestens für die Dekoration der *cassata* eignet. Weil die reichhaltige Füllung der *minni di vergine* deutlich näher an dem ist, was Lampedusa in seinem Roman beschreibt, behielt Sambuca di Sicilia letztlich im literarischen Wettstreit der Konditoren die Oberhand.

Bleibt nur noch die Frage: Warum gibt es in Sizilien gleich mehrere *dolci,* die eine derart delikate Form haben? Forscher vermuten, dass diese Süßigkeiten uralte Relikte eines Fruchtbarkeitskults der Sikaner sein könnten, die die Insel bereits vor der Besiedlung durch die Griechen bewohnten. In Sambuca gibt es jedoch eine Herkunftslegende, die jeden unzüchtigen Gedanken weit von sich weist: Eine Nonne namens Virginia habe sich demnach von der ihr Kloster umgebenden Hügellandschaft inspirieren lassen, als sie ein neues Dessert für eine Hochzeitsfeier kreierte. Die *minni di virgine* seien also keineswegs Jungfrauenbrüste – sondern ganz einfach die »Hügel der Virginia«. Vielleicht war es diese Geschichte, die den Pfarrer im Roman am Ende ruhigen Gewissens herzhaft zubeißen ließ.

Auch Leonardo Sciascia, der wohl wichtigste Literat Siziliens, kam in seinen Büchern an den Süßigkeiten der Insel nicht vorbei. So beschrieb er in den achtziger Jahren die Einzigartigkeit der Schokolade aus Modica – obwohl diese Spezialität damals völlig aus der Mode gekommen war und kaum noch produziert wurde. Es dauerte danach noch fast zwanzig Jahre, bis Franco Ruta, der Chef der »Dolceria Bonajuto«, 1999 in einer Fernseh-Talkshow von der Herstellung der traditionellen Modica-Schokolade erzählte und ihr damit zu einem Boom verhalf, der bis heute anhält. Die Ursprünge des *cioccolato di Modica* liegen in der Herrschaft der Spanier in Sizilien. Diese brachten nicht nur Kakaobohnen aus der Neuen Welt auf die Mittelmeerinsel, sondern dazu auch gleich eine Methode zu deren Verarbeitung, die sie sich wiederum von den Azteken abgeschaut hatten. Dabei werden die Bohnen zwischen Steinen zu einem Brei gemahlen, wofür sich der grobe vulkanische Tuff aus der Gegend von Modica hervorragend eignete. Im Gegensatz zu den amerikanischen Ureinwohnern süßten die Spanier den Kakaobrei mit Rohrzucker und machten nicht nur ein Getränk daraus, sondern auch feste Tafeln.

So geschieht es in Modica bis heute. Ihre einzigartige Konsistenz erhält die so erzeugte Schokolade dadurch, dass bei ihrer Herstellung nie eine Temperatur von mehr als vierzig Grad Celsius entsteht, weshalb die Zuckerkristalle intakt bleiben – was man deutlich spürt, wenn ein Stück *cioccolato di Modica* auf der Zunge schmilzt. Glaubt man Leonardo Sciascia, wurden früher nur zwei Sorten der Schokolade erzeugt: eine veredelt mit Vanille, die andere mit Zimt. In der heute von Franco Rutas Sohn Pierpaolo geführten »Dolceria Bonajuto« gibt es inzwischen auch Varianten mit Chili, Pistazien aus Bronte oder sogar Meersalz aus den Salinen von Trapani. Diese Sortenvielfalt ist allerdings die einzige Neuerung, ansonsten hält man sich rigoros an die jahrhundertealte Schokoladentradition der Gegend. Mit gutem Grund, denn längst kommen Neugierige und Schokoenthusiasten aus der ganzen Welt nach Modica, um diese Köstlichkeit direkt vor Ort zu probieren.

Wenn die Temperaturen im Sommer jede Schokolade zum Schmelzen bringen, ist die Zeit reif für eine echte sizilianische *granita*. Diese Eisspezialität erinnert an ein Sorbet, enthält jedoch im Gegensatz dazu keine Luft. Die Eiskristalle werden stattdessen durch beständiges Rühren zu einer geschmeidigen Masse. Die Ersten, die auf Sizilien etwas Ähnliches hergestellt haben, sollen auch in diesem Fall die Araber gewesen sein. Besonders ausgeprägt ist die *Granita*-Tradition im Osten der Insel. Dort gab es vor der Erfindung des Kühlschranks den Berufszweig der *nivaroli*, die den Schnee von den Hängen des Ätna und den höchsten Gipfeln der Gebirgszüge der Madonie und Nebrodi sammelten und ihn in Höhlen konservierten, um im Sommer der unter der drückenden Hitze leidenden Bevölkerung von Messina, Catania oder Syrakus eine kostbare Erfrischung anbieten zu können.

Heute verfügt natürlich jede dieser Städte über ihre eigene *Granita*-Variante, die eifersüchtig gegen jede andere verteidigt wird. So ist Messina berühmt für seine *granita al caffè*, die man zum Frühstück in einem Wasserglas serviert, garniert mit einer großen Sahnehaube und einer süßen Brioche als unvermeidlicher Beilage. In Catania hingegen ist die *granita al pistacchio* aus den hervorragenden, in der direkten Nachbarschaft geernteten Bronte-Pistazien zu Hause. Etwas weiter südlich, in Syrakus, stellt man die *granita* stattdessen lieber aus Mandeln oder aus den Zitronen der Gegend her. Doch auch im Westen der Insel lässt man sich nicht lumpen, wenn es um eine süße Erfrischung geht: In Trapani etwa aromatisiert man das Wasser vor der Verarbeitung mit Jasminblüten, was der daraus entstehenden *granita al gelsomino* einen besonders exotischen Geschmack verleiht.

Wer beginnt, sich ernsthaft mit den sizilianischen Süßigkeiten zu beschäftigen, merkt schnell, dass die Welt der *dolci siciliani* mindestens so groß, bunt und vielseitig ist wie die Landkarte der Insel. Denn abgesehen von den längst in ganz Italien servierten sizilianischen *Dolci*-Klassikern hat noch immer jedes Viertel Palermos und Catanias seine eigenen Spezialitäten zu bieten, und jedes Dorf in jedem noch so abgelegenen Winkel der Region birgt sorgsam gehütete Schätze der Konditorenkunst. Sie alle zu beschreiben, würde eine ganze Bibliothek füllen. So bleibt dem Neugierigen am Ende wohl nur eins: Selbst losziehen und probieren!

Die Reden sind beendet, man hat applaudiert, gedankt und Hände geschüttelt. Der Bürgermeister von Caltanissetta rückt seine Schärpe zurecht, bevor er sich gemeinsam mit dem *pasticciere* Lillo

Defraia unter das weiße Zeltdach zum längsten *cannolo* der Welt begibt. Noch ein paar Fotos, es wird gelächelt und gescherzt. Dann trennt einer der Konditoren unter dem Applaus der Umstehenden vorsichtig eine erste Scheibe von der überdimensionierten gefüllten Teigrolle ab. Allein dieses Stück ist so groß wie eine handelsübliche Torte.

Und nun geht alles ganz schnell: Mit geübten Handgriffen geben die Profis üppige Portionen auf Pappteller, die pausenlos unter den Anwesenden verteilt werden. Einheimische, für die die *cannoli* seit ihrer Kindheit als krönender Abschluss zu jedem Festessen gehören, Touristen, die zufällig heute nach Caltanissetta gekommen sind und vom Trubel auf der Piazza Garibaldi überrascht wurden, Jugendliche, die ihre Handys für einen Moment in die Tasche gesteckt haben, um nach einer Plastikgabel zu greifen, Tourismusmanager, Politiker und Journalisten – alle sind eingeladen, jeder bekommt etwas ab.

Einmal mehr bringen die sizilianischen *dolci* an diesem sonnigen Septembertag die Menschen zusammen. Die kunstvollen Kreationen, deren Rezepte sorgsam von Generation zu Generation weitergegeben werden, bleiben trotz aller Variationen im Kern seit vielen Jahrzehnten unverändert. So verbindet jeder Löffel *cassata*, jeder Becher *granita*, jeder Biss in ein *cannolo* die Einwohner Siziliens mit ihrer eigenen Vergangenheit und mit all jenen, die ihre Erinnerungen, ihre Nostalgie und ihre Sehnsüchte teilen.

Die tausend Formen der Seele

Salvatore Rizzuti lebt für die Skulptur

E non si vuole dire che il giovane Rizzuti si possa già dare per genio, ma è certo che il genio della scultura arride alle sue cose.

Ich möchte nicht behaupten, dass man den jungen Rizzuti bereits als Genie bezeichnen soll, aber der Genius der Skulptur betrachtet seine Werke zweifellos mit Freude.

Leonardo Sciascia im *Corriere della Sera* vom 9. August 1980

Ein Tempel wurde aus den auf dem Boden verstreuten Einzelteilen wiederaufgebaut. Ansonsten bestehen die Reste der antiken Stadt Selinunt im Wesentlichen aus Trümmern, einzelnen aufrecht stehenden Säulen und bei Ausgrabungen zutage geförderten rechtwinkeligen Grundmauern ehemaliger Wohnhäuser. Doch der Hirtenjunge, der all das von einem im Hinterland gelegenen Höhenzug aus betrachtet, sieht dort unten an der Küste mehr als nur die kläglichen Ruinen einstiger Größe. Für den Fünfzehnjährigen, der auf seinen Wanderungen durch ein weites, stummes Bergland oft tage- und wochenlang keinem Menschen begegnet und die Nächte entweder unter dem unendlichen Sternenhimmel oder in kalten, feuchten Höhlen verbringt, so wie es andere bereits zehntausend Jahre vor ihm getan haben, ist die Zeit kein Hindernis. In seinen Augen nehmen die verfallenen Gebäude wieder ihre ursprüngliche Gestalt an. Er sieht die Bewohner in den Gassen ihren alltäglichen Geschäften nachgehen, Kinder in einem Hinterhof spielen, Bettler am Straßenrand sitzen, Ladenbesitzer ihre Waren anpreisen. Und zwischen den kannelierten Säulen der Tempel tauchen schemenhaft Gestalten auf, deren von Liebe, Furcht, Macht und Neid geprägte Geschichten Salvatore aus einem der wenigen in seinem Elternhaus zu findenden Bücher kennt: die Götter und Halbgötter der griechischen Mythologie.

Der Junge setzt sich auf einen Felsbrocken, holt ein kleines Messer und die knorrige Wurzel eines alten Olivenbaums aus seiner Tasche und beginnt zu schnitzen. Wann immer er die Gelegenheit dazu hat, versucht er, die Formen freizulegen, die sich unter der Oberfläche all jener Dinge verbergen, die er unterwegs aufliest, sei es ein Stück Holz, ein Stein, ein Lehmbrocken oder ein Knochen. Während der Hund scheinbar schlafend unter dem Blätterdach einer Eiche liegt und die Schafe die von der Sonne ausgedörrte Wiese geduldig nach Essbarem absuchen, schält Salvatore ein Gesicht aus dem Holz: erst die gewölbte Stirn, dann eine schmale, gerade Nase, zwei volle Lippen und darunter ein energisch vorgestrecktes Kinn. Bei den Augen gibt er sich besondere Mühe. Als er fertig ist und sein Werk kritisch überprüft, scheint es seinen Schöpfer zornig anzublicken. Er lässt die Figur in seiner Tasche verschwinden und pfeift, um den Hund zu wecken. Sie müssen weiter, bald wird es dunkel.

Im Alter von neun Jahren hat Salvatore aufgehört, die Schule zu besuchen. Der Vater und die älteren Brüder brauchten Hilfe bei der Arbeit. Im ganzen Land geht es nun aufwärts, da der Krieg fast zwanzig Jahre zurückliegt. Überall kommt die Wirtschaft in Schwung, sogar im abgelegenen Westen Siziliens. Die Nachfrage nach Milch, Fleisch und Wolle steigt, und gemäß dem Willen von Salvatores Vater sollen die Söhne mithelfen, den kleinen Schäfereibetrieb der Familie voranzubringen. Zwei oder drei Jahre Grundschule müssen deshalb genügen. Die Zukunft der Jungen liegt nicht in den Büchern, sondern in der Arbeit mit den Tieren.

Seit sechs Jahren wandert Salvatore nun schon von Weide zu Weide, über den Flickenteppich aus Feldern, Wiesen, Sträuchern und Geröll, der die Hügel bedeckt, zwischen denen hier und da scharfkantige Felsen aufragen. Das Meer, oft nur einen halben Tagesmarsch entfernt, bleibt eine Ahnung am südlichen Horizont. Ein Hauch von Salz, den der Wind tief in die Sikanischen Berge trägt, bis hinauf zu den sich unter einer Felsnase zusammendrängenden Häusern von Caltabellotta auf dem Monte Castello.

Dieser abgelegene, schwer zugängliche Gipfel war ein Kultort der Phönizier und der Griechen, unter der Herrschaft der Römer bereits eine Festung und die letzte Zufluchtsstätte der Aufständischen im Zweiten Sklavenkrieg, im 13. Jahrhundert dann Schauplatz der Verhandlungen, die die Auseinandersetzungen nach der blutigen Sizilianischen Vesper mit dem Frieden von Caltabellotta beendeten. In den folgenden Jahrhunderten verlor die Geschichte die Siedlung auf dem Monte Castello aus den Augen, man lebte unbeachtet und unberührt von den Ereignissen in den weit entfernten Machtzentren, hielt sich mit Ackerbau und Viehzucht über Wasser. So war es noch immer, als Salvatore dort geboren wurde.

Etwa einmal im Monat, manchmal auch erst nach sechs Wochen, kehrt der Junge mit den Tieren nach Caltabellotta zurück, um bei der Mutter Verpflegung zu holen. Falls gerade ein Heiligenfest ansteht, nimmt er an der vom Priester angeführten Prozession der Bewohner teil, und wenn Salvatore großes Glück hat, läuft ein Film im örtlichen Kino. Es ist die Zeit der großen Monumentalstreifen: »Ben Hur« mit Charlton Heston, »Spartacus« mit Kirk Douglas, »Cleopatra« mit Elizabeth Taylor und Richard Burton. In der Einsamkeit hat Salvatore sich den Umgang mit Menschen abgewöhnt und meidet jede unnötige Begegnung. Stattdessen bevölkern die Protagonisten der Leinwand-Dramen seine Gedankenwelt und werden für ihn zu Objekten der Inspiration. Aus einem Lehmbrocken vom Wegesrand hat er einen reich verzierten Triumphbogen geformt, aus einem Stein mühsam die Gestalt Julius Caesars gehämmert, flankiert von schwer bewaffneten Gladiatoren. Salvatores kleine Kunstwerke sorgen bei denen, die sie zu Gesicht bekommen, für Staunen. Hin und wieder sagt jemand zum Vater: Mit diesem Jungen hat es etwas Besonderes auf sich. Du musst ihn wieder in die Schule schicken oder irgendwohin, wo seine Begabung gefördert wird. Doch der Vater will das nicht hören, bleibt stur. Der Junge wird einmal von irgendetwas leben müssen. Und die Spielereien, mit denen er sich auf seinen Wanderungen die Zeit vertreibt, werden ihm dabei nicht helfen.

Am Morgen lag Caltabellotta, wie oft im Herbst, in den tief unter dem Gipfel hängenden Wolken. Die Sonne benötigte den ganzen Vormittag, um den dichten Nebel aus den Gassen der an den Fels geschmiegten Ortschaft zu vertreiben und die schwindelerregende Aussicht auf das fruchtbare Land zu Füßen des Berges freizugeben. Auch durch die großen Fenster des Ateliers fällt jetzt helles Licht. Salvatore arbeitet direkt hinter der weit geöffneten, bogenförmigen Eingangstür. Seine hellwachen Augen blicken durch die dünnen Gläser einer unauffälligen Brille. Sein schütter gewordenes, knapp über die Ohren reichendes Haar leuchtet blütenweiß, ebenso der dichte Vollbart. Konzentriert umkreist Salvatore sein Werkstück. Dann beugt er sich über den dicken, in einer grotesken Windung um sich selbst gekrümmten Ast aus dunklem Olivenholz und setzt das Schnitzeisen an. Ein paar Schläge mit dem Hammer, Späne fallen zu Boden.

Wenige Meter entfernt liegt der schlafende Minotaurus, vor über zehn Jahren aus Terrakotta geformt. Die Muskeln und Knochen der Beine wirken täuschend echt, ebenso die Rippenbögen, die sich am hageren Oberkörper unter der Haut abzeichnen. Eine Hand und ein Fuß sind zu Hufen verformt, der Stierkopf ruht mit geschlossenen Augen friedlich auf dem angewinkelten rechten Arm. Dahinter steht die schwangere Eva, in der Rechten ein Schwert. Adams abgeschlagener Kopf liegt hingeworfen neben dem Apfel, die Schlange sucht unverrichteter Dinge das Weite. Eine nackte männliche Leiche ruht ausgestreckt auf einer schlichten Totenbarke, an deren Bug eine Eule wacht. Eine überlebensgroße Medea schlitzt sich mit wutverzerrtem Antlitz den eigenen Bauch auf. Gaia und Uranus, zwei Wesen aus einem einzigen Körper, sind unter einem dünnen Laken eng ineinander verschlungen, die Gesichter entrückt in Lust und Schmerz.

Die Götter lassen Salvatore Rizzuti noch immer nicht los. Der Mythos, der ihn bereits als Kind faszinierte, ist bis heute ein wesentlicher Bestandteil seiner Kunst. Nicht als etwas längst Vergangenes, sondern als Ausdruck dessen, was die Menschen heute wie in allen Zeiten bewegt. So bleibt er nicht in den uralten Legenden verhaftet, sondern verbindet sie mit Inspirationsquellen aus anderen Epochen, etwa einem Roman von Dostojewski oder aktuellen Nachrichten von Flucht und Vertreibung. Auch in der Ausgestaltung seiner Werke überschreitet er, wie einst der Hirtenjunge, scheinbar mühelos die Grenzen der Zeit, lässt die Harmonie der griechischen Skulptur mit der feierlichen Ernsthaftigkeit eines Renaissancegemäldes verschmelzen oder die reduzierte Ästhetik der phönizischen Kunst mit der Fantasie und Experimentierfreude eines Picasso oder Dalí. Die Schönheit und Ausgewogenheit seiner Formen bannen dabei die Aufmerksamkeit und machen es unmöglich, den Blick abzuwenden – auch dort, wo sich furchterregende Abgründe auftun.

Die Skulptur ist Salvatore Rizzutis Lebensinhalt. Seit er denken kann, dreht sich für ihn alles darum, die in seinem Inneren entstehenden Figuren sichtbar und greifbar zu machen. Was aus ihm geworden wäre, hätte er nicht Bildhauer werden können? Er weiß es nicht. Dabei war sein Weg nie vorgezeichnet, denn mit der Leidenschaft für die Kunst und dem unermüdlichen Streben nach der Verfeinerung der eigenen Fähigkeiten war es für jemanden mit seiner Herkunft nicht getan. Glücklicherweise gab es in seinem Leben immer wieder Begegnungen mit Menschen, die in dem Hirtenjungen ohne Grundschulabschluss aus den Bergen von Agrigent ein besonderes Talent erkannten und die ihm Türen öffneten, wo er ansonsten wohl nie Zutritt gehabt hätte.

Da war zum Beispiel der Geschäftsmann aus Palermo, ein Freund der Familie, der den damals Achtzehnjährigen gegen den Willen des Vaters für zwei Sommermonate zu sich in die Stadt holte, wo er zum ersten Mal mit echtem Bildhauerwerkzeug arbeiten konnte. Oder die Verantwortlichen an der Bildhauerakademie, die Salvatore aufnahmen, nachdem er im Eiltempo seinen Grund- und Mittelschulabschluss nachgeholt hatte. Während des Studiums traf er schließlich den etablierten Maler Bruno Caruso, der ihm im Jahr 1980 die Gelegenheit verschaffte, seine Werke in der Galerie »La Tavolozza« – immerhin der größten und renommiertesten Palermos – zu präsentieren. Nachdem Leonardo Sciascia, einer der berühmtesten Schriftsteller Siziliens, die Ausstellung besucht hatte, lobte er die dort gezeigten Skulpturen in einem Artikel für die illustrierte Ausgabe des *Corriere della Sera* als »ursprünglich, unmittelbar, frei von Filtern und Schablonen«. Noch im selben Jahr wurde Salvatore Rizzuti Professor an der Accademia di Belle Arti di Palermo, an der er kurz zuvor noch selbst studiert hatte.

Das Werk ist fertig. Die sanften Gesichtszüge einer jungen Frau, umgeben von unbearbeitetem Holz, dessen einzigartig gewundene Struktur nun zu einer das Antlitz umschmeichelnden, wallenden Haarpracht geworden ist. Eine der wichtigsten Aufgaben des Bildhauers ist, zu erkennen, welche Möglichkeiten sich im Material verbergen. Salvatore legt den Hammer und das Schnitzeisen weg, hebt die Figur aus der Halterung und stellt sie vorsichtig auf die Werkbank. Dann greift er nach einem Besen und beginnt, die auf dem Boden verstreuten Späne zusammenzufegen.

Ein leises Räuspern lässt den Künstler aufblicken. Eine Frau und ein Mann mittleren Alters stehen in der Tür. Touristen aus Norditalien, denen beim Vorbeigehen die Skulpturen hinter den Fenstern aufgefallen sind. Salvatore bittet die beiden schüchternen Besucher herein, versichert ihnen freundlich lächelnd, dass sie sich gern in Ruhe in seinem Atelier umsehen dürften. Während sie das tun, beantwortet er geduldig ihre Fragen, erzählt mit leiser Stimme von seinem Werdegang, von den traditionellen Techniken der Bildhauerei und von der Idee hinter der einen oder anderen nicht so leicht zu entschlüsselnden Figur.

Die Menschenscheu des Hirtenjungen hat er längst abgelegt. Andererseits liegt ihm die allzu forsche Selbstinszenierung mancher Kollegen fern. Ohne diese Zurückhaltung hätte Salvatore, dessen Arbeiten Menschen jeden Alters und aller Schichten anzusprechen vermögen, wahrscheinlich weit über sein Heimatland hinaus Berühmtheit erlangt. Doch beim Buhlen um die Aufmerksamkeit des Kunstbetriebs ist man stets dem Druck ausgesetzt, sich den Erwartungen anderer anzupassen und sich auf Kompromisse einzulassen, die die eigenen Werke ihrer Kraft und ihrer Identität berauben könnten. Das kam für Salvatore Rizzuti nie infrage. Er folgt ausschließlich seinem künstlerischen Instinkt – egal, ob das Ergebnis den momentan herrschenden Vorstellungen von zeitgenössischer Skulptur entspricht, ob es für den Geschmack von Galeristen, Kuratoren oder

Kritikern zu irritierend, zu sperrig oder zu lieblich erscheinen könnte und unabhängig davon, ob die verwendete Technik in Fachkreisen als modern oder veraltet gilt. Das war es auch, was er Generationen von Studenten in fünfunddreißig Jahren als Dozent zu vermitteln versuchte: Unabhängigkeit und Vertrauen in die eigene Kreativität, schonungslose Aufrichtigkeit gegenüber sich selbst, respektvollen Umgang mit der Tradition, aber auch den Willen, neue Wege zu gehen, wo die persönliche Inspiration es verlangt.

Trotz seiner Kompromisslosigkeit in künstlerischen Fragen bekam Rizzuti im Laufe seiner Karriere Aufträge für Skulpturen im öffentlichen Raum. So schuf er das ebenso verstörende wie faszinierende Bronzemonument für die Opfer der Mafia in Campobello di Mazara. Das Denkmal für Francesco Crispi, das er anlässlich der Hundertfünfzig-Jahr-Feier der italienischen Einheit für die Gemeinde von Ribera anfertigte, zeigt nicht nur den umstrittenen Politiker, sondern auch dessen zweite Ehefrau Rosalie Montmasson, die einzige weibliche Teilnehmerin bei der Landung Garibaldis in Marsala und beim anschließenden »Zug der Tausend«. Auch in der Hauptstadt Palermo hinterließ Rizzuti dauerhafte Spuren: Am Teatro Massimo hatte er für viele Jahre die bildhauerische Leitung der Restaurierungsarbeiten inne. Die Neufassung des »Fiorone«, der riesigen Blüte, die den höchsten Punkt auf der Kuppel des Opernhauses krönt, stellte er eigenhändig her.

Als die beiden Touristen sich anschicken, sein Atelier zu verlassen, weist Salvatore sie noch auf das nur einen kurzen Fußweg entfernte örtliche Museum hin, in dem mehr als dreißig seiner Werke ausgestellt sind. Mit dieser Dauerleihgabe hat er dem einst unscheinbaren Provinzmuseum kurzerhand die Aura einer Galerie ersten Ranges verschafft. Auch wenn sein Hauptwohnsitz und Arbeitsplatz nach wie vor in Monreale bei Palermo liegt, tut Rizzuti, was in seiner Macht steht, um zur Wiederbelebung Caltabellottas beizutragen. Deshalb hat er sich nach seiner Pensionierung hier ein Atelier eingerichtet, in dem er während der Sommermonate arbeitet. Seine Heimat ist für ihn untrennbar mit seiner Kunst verbunden. Für ihn steht zweifelsfrei fest: Er ist, wer er ist, weil er hier geboren und hier während seiner Kindheit und Jugend mit den grundlegenden Erfahrungen des menschlichen Daseins konfrontiert wurde.

In den Jahrzehnten, die vergangen sind, seit Salvatore mit seinen Schafen durch das umliegende Land zog, hat sich die Einwohnerzahl Caltabellottas fast halbiert. Das Leben in dieser Gegend ist beschwerlich, und die Landwirtschaft nach wie vor ein mühsames Geschäft, das immer weniger einbringt. Der wirtschaftliche Aufschwung der Nachkriegszeit, auf den der Vater seine ganze Hoffnung gesetzt hatte, entpuppte sich in den entlegenen Provinzen Siziliens als kurzlebiges Strohfeuer. Wie fast überall im Süden setzt man inzwischen auch hier darauf, dass der Tourismus Abhilfe schaffen könnte. Und das nicht ohne Grund, schließlich hat Caltabellotta viel zu bieten: eine pittoreske, einsame Lage mit herrlicher Aussicht. Eine wechselvolle, Tausende von Jahren zurückreichende Geschichte. Und nicht zuletzt einen bescheidenen älteren Herrn mit weißem Bart und leiser Stimme, für den die Zeit kein Hindernis ist und der zum Vorschein bringt, was sich unter der Oberfläche der Dinge verbirgt.

Superlatitante

Das Ende einer Flucht

> *La mafia è un fenomeno umano e come tutti i fenomeni umani ha un principio, una sua evoluzione e avrà quindi anche una fine.*
>
> *Die Mafia ist ein menschliches Phänomen, und wie alle menschlichen Phänomene hat sie einen Anfang, macht eine Entwicklung durch und wird folglich auch ein Ende haben.*
>
> GIOVANNI FALCONE

Es ist ein kühler, regnerischer Januarmorgen in Palermo. Der Mann, der gegen acht Uhr durch das Eingangsportal der Privatklinik »La Maddalena« nach draußen tritt, zieht sich den Kragen seiner gefütterten braunen Wildlederjacke bis übers Kinn. Seine Kleidung ist hochwertig, aber dabei trotzdem unauffällig – jedenfalls solange die Fünfunddreißigtausend-Euro-Uhr an seinem Handgelenk nicht unter dem Ärmel der Jacke hervorblitzt. Zunächst geht der Sechzigjährige gemächlich, aber dann beschleunigt er seinen Schritt. Als er sich vor einigen Minuten am Empfangsschalter der Klinik als »Patient Andrea Bonafede« vorstellte, war er sich der Blicke, die sich einige der Umstehenden zuwarfen, noch nicht bewusst. Er hat die Klinik nach der Anmeldung nicht etwa verlassen, weil er fliehen wollte. Es ging ganz einfach darum, sich für einen Moment die Füße zu vertreten, vielleicht vor Beginn der Behandlung noch schnell in einer nahen Bar einen *caffè* zu trinken. Doch hier im Freien entgeht seinen im Lauf der Jahrzehnte geschärften Sinnen keineswegs, dass in jeder Richtung jemand steht oder auffällig langsam schlendert. Kein Zweifel: Er ist eingekreist.

Es ist nicht das erste Mal, dass er mit solch einer Situation umzugehen hat. Man muss ruhig bleiben und einen klaren Kopf behalten, dann ist eventuell noch immer alles möglich. Vielleicht schafft er es bis zum Wagen, den sein Fahrer in einer Seitenstraße geparkt hat. Doch nein, diesmal ist es bereits zu spät – von einem Moment auf den anderen sind alle Auswege versperrt. Nach wenigen Sekunden steht ein mit einem dunklen Mantel bekleideter Herr vor ihm. Hinter ihm zwei *carabinieri* in Uniform, Skimasken über den Gesichtern, die Maschinenpistolen im Anschlag. Der Mann in der Wildlederjacke muss sich nicht umdrehen, um zu wissen, dass sich auch in seinem Rücken bewaffnete Polizisten positioniert haben. Der Herr im Mantel fragt ihn nach seinem Namen.

»Sie wissen bereits, wer ich bin«, lautet die Antwort. Einige lange Augenblicke vergehen, ehe der Gesuchte doch noch die gewünschte Auskunft gibt. Es sind drei leise, aber deutlich gesprochene Worte, mit denen eine dreißig Jahre währende Existenz im Untergrund ihr Ende findet: »Matteo Messina Denaro.«

Als Sohn eines Mafiabosses der alten Schule wurde Matteo Messina Denaro 1962 in der Dreißigtausend-Einwohner-Ortschaft Castelvetrano in der Provinz Trapani geboren. Ein 2016 erstmals veröffentlichtes Foto zeigt ihn als Vierzehnjährigen im Kreis der Familie. Er trägt eine Brille mit großen Gläsern, ein weißes Hemd und einen Anzug, stellt sich selbstbewusst in Pose. Trotz seiner Jugend hat er sich zu dieser Zeit bereits einen Namen gemacht. Er weiß mit Schusswaffen umzugehen. Wenn er mit seinen Freunden in seiner Lieblingsbar in Marinella di Selinunte auftaucht, wagt es niemand, ihm seinen Stammplatz streitig zu machen.

Als er seinen ersten Mord begeht, ist er wahrscheinlich noch keine zwanzig Jahre alt. Es ist der Beginn des zweiten großen Mafiakriegs auf Sizilien, bei dem Totò Riina aus Corleone seine Konkurrenten ausschaltet und sich zum »Boss der Bosse« aufschwingt. Währenddessen nimmt die Cosa Nostra eine zentrale Rolle im internationalen Handel mit Heroin und Kokain ein. Bekannt für seine Skrupellosigkeit, mausert sich Matteo Messina Denaro schon in jungen Jahren zu einer Führungsfigur. Seine Spitznamen innerhalb der Organisation beschreiben ihn besser als so manche spätere Zeugenaussage: Er wird aufgrund seines Körperbaus »u siccu« – der Dürre – gerufen. Andere nennen ihn »Diabolik«, nach der gleichnamigen Comicfigur, einem »Gentleman-Verbrecher«, mit dem er sich gern identifiziert. Und seine mit dem althergebrachten, Bescheidenheit und Mäßigung propagierenden Mafia-Kodex schwer zu vereinbarende Vorliebe für teure Uhren, Designeranzüge und schnittige Autos verschafft ihm schließlich den dritten Namen: »Rolex«.

Anfang der neunziger Jahre ist Matteo Messina Denaro praktisch der Anführer der Cosa Nostra in der Provinz Trapani. Gleichzeitig fungiert er als enger Vertrauter Totò Riinas, mordet in dessen Auftrag und sitzt mit am Tisch, als der *capo dei capi* das Todesurteil über die Anti-Mafia-Emittler Giovanni Falcone und Paolo Borsellino fällt. An dem Tag im Mai 1992, an dem sich die Meldung vom Tod Falcones beim Bombenattentat von Capaci wie ein Lauffeuer verbreitet, betritt Messina Denaro mit einigen Gefährten seine Stammbar in Marinella di Selinunte. Die Stimmung ist ausgelassen, man bestellt Dom Pérignon. Korken knallen, Gläser klirren und zerspringen auf dem Fußboden. Am Ende beträgt die Rechnung dreihundertsechzigtausend Lire. Messina Denaro rundet großzügig auf, »wegen der Unannehmlichkeiten«. U siccu kann sich zu diesem Zeitpunkt noch immer frei bewegen, gegen ihn existiert kein Haftbefehl.

Doch nach der Verhaftung von Totò Riina im Januar 1993 erhöht sich der Fahndungsdruck, nun gerät auch der skrupellose Killer aus Castelvetrano ins Visier der Behörden. Am 2. Juni, während er gerade ein paar Urlaubstage im toskanischen Forte dei Marmi verbringt, wird ein Haftbefehl erlassen.

Es ist der Tag, an dem Matteo Messina Denaro von der Bildfläche verschwindet.

Zu Beginn seiner jahrzehntelangen Flucht vor den Behörden entgeht er zweimal nur knapp seiner Verhaftung. Einmal in Castelvetrano, wo seine Lebensgefährtin 1996 eine Tochter zur Welt bringt, und im Jahr darauf in Aspra bei Bagheria, wo die Polizei nach einem Hinweis eine erst seit Kurzem verwaiste, offenbar zuvor von dem Flüchtigen genutzte Wohnung stürmt. Doch diese Momente bleiben Ausnahmen. Geschützt von einem Netz aus Vertrauenspersonen, lebt der Gesuchte weitgehend unbehelligt, obwohl er gelegentlich sogar ausgedehnte Reisen unternimmt. Alte Weggefährten werden nach und nach verhaftet oder versterben. Schließlich ist Matteo Messina Denaro der letzte *superlatitante,* wie die untergetauchten Bosse genannt werden.

Währenddessen vollzieht die Cosa Nostra gezwungenermaßen einen Wandel. Die Eskalation der Gewalt und der »Krieg gegen den Staat«, den sie zu Beginn der neunziger Jahre führte, hat das organisierte Verbrechen auf Sizilien geschwächt – nicht nur wegen der Ermittlungen der Behörden. Eine idealistische, aus Abscheu vor den blutigen Ereignissen der zurückliegenden Jahre entstandene Anti-Mafia-Bewegung setzte sich dafür ein, die Zivilgesellschaft von der Mafia zu emanzipieren. In Palermo entstand eine Aufbruchsstimmung, die eine echte Erneuerung der Stadt zu erreichen schien. Tatsächlich ging die Zahl der Gewaltdelikte und der Mafia-Straftaten zurück. Initiativen wie »Addiopizzo« stellten mit der Schutzgelderpressung ein wichtiges Fundament der mafiösen Unterwanderung der Gesellschaft infrage. Und auch die großen Geschäfte entglitten den Sizilianern zunehmend. Im weltweiten Drogenhandel, der ihnen für lange Zeit die weitaus größten Gewinne eingebracht hatte, gelang es vor allem der 'Ndrangheta aus Kalabrien, der Cosa Nostra den Rang abzulaufen. Dazu kommt, dass es der Cosa Nostra offenbar bis heute nicht mehr möglich war, ihre Organisationsstrukturen zu konsolidieren. Nach dem Tod von Totò Riina, der trotz seiner Inhaftierung bis zuletzt zumindest die symbolische Führungsgestalt war, wurden von den Behörden mehrere Versuche vereitelt, ein neues Führungsgremium und dabei vielleicht auch einen neuen »Boss der Bosse« zu etablieren.

All diese Entwicklungen schüren die Hoffnung, dass die sizilianische Mafia ihre besten Zeiten tatsächlich hinter sich hat und nicht in der Lage ist, zu alter Stärke zurückzufinden. Der englische Mafia-Experte John Dickie stellte kürzlich fest, die Cosa Nostra sei heute nur noch »ein Schatten ihres früheren Selbst«. Was dabei unter den Tisch zu fallen droht, ist, dass es womöglich nie das Ziel der Mafiosi war, ihr »früheres Selbst« wiederherzustellen.

Die Mafia mag in Sizilien nicht mehr so auffällig agieren wie früher – aber verschwunden ist sie keinesfalls. Die *omertà* – das Schweigen – ist nach wie vor der wichtigste Machtfaktor, über den die Cosa Nostra verfügt. Und unter dem Mantel des Schweigens breitet sie sich längst wieder aus, besinnt sich auf alte Stärken, erschließt aber auch neue Methoden und Geschäftsfelder. Tatsächlich muss man davon ausgehen, dass trotz öffentlichkeitswirksamer Initiativen wie »Addiopizzo« noch immer bis zu achtzig Prozent der sizilianischen Betriebe Schutzgeld bezahlen. Die Mafia kontrolliert heute das legale und das illegale Glücksspiel, verdient viel Geld mit Menschenhandel, Investitionen im Tourismussektor und im chronisch unterfinanzierten Gesundheitswesen. Über korrupte Netzwerke bereichert sie sich an EU-Mitteln, die für Infrastruktur- und Umweltprojekte in Sizilien bereitgestellt werden. Sie infiltriert wichtige öffentliche Dienste wie die Müllentsorgung und schafft dabei massive Probleme, nur um sich deren Lösung teuer bezahlen zu lassen. Zuletzt konnte sich die Mafia während der Coronapandemie profilieren, als sie mehr oder weniger verdeckt als Wohltäter in der Not auftrat und Essenspakete verteilte. Trotz aller Erfolge der Vergangenheit gilt nach wie vor: Die Cosa Nostra nistet sich überall dort ein, wo der Staat und die öffentlichen Institutionen ihr den Raum dazu lassen.

Welche Rolle Matteo Messina Denaro dabei zuletzt spielte, ist umstritten. Mal hieß es, er sei längst ein Mann von gestern, es sei für die Verantwortlichen nur bequemer, viel Aufhebens um seine Flucht zu machen, als sich um die aktuellen

Drahtzieher zu kümmern. Dann stellte sich wieder heraus, dass u siccu trotz seines Lebens im Untergrund offenbar bestens vernetzt war und laufend Anweisungen an Untergebene erteilte. Erfüllte er also doch die Aufgabe eines *capo dei capi?*

In den Wochen nach seiner Verhaftung ist der gefasste *superlatitante* das unangefochtene Spitzenthema in den italienischen Nachrichten. Täglich sickern neue Informationshäppchen durch. Oft geht es dabei um die Verstecke, in denen er sich in den letzten Monaten seiner Flucht aufgehalten hat. Drei davon werden schnell entdeckt, alle liegen in Campobello di Mazara im Südwesten der Insel, nur wenige Kilometer von seinem Geburts- und ehemaligen Wohnort Castelvetrano entfernt. Die Wohnungen sind sauber und ordentlich eingerichtet, Poster an den Wänden zeugen von Messina Denaros Leidenschaft für Gangsterfilme, in einer findet sich ein geladener Revolver. Dann berichtet die Presse über seine mutmaßlichen Unterstützer, darunter sein Fahrer und der wahre Andrea Bonafede, der ihm seine Identität überließ. Nicht zuletzt geraten verschiedene Ärzte, die dem schwer an Krebs Erkrankten dabei geholfen haben, unerkannt an eine geeignete Therapie zu kommen, ins Visier der Öffentlichkeit.

Die Einwohner von Campobello di Mazara werden von Journalisten behelligt, die wissen möchten, ob ihnen nichts aufgefallen sei an diesem Mann, nach dem die ganze Welt suchte und der trotzdem offenbar ein ziemlich normales Leben mitten unter ihnen führte. Die meisten verneinen und ärgern sich über die implizite Unterstellung, der gesamte Ort sei in diese Sache verstrickt. Gleichzeitig brodelt die Gerüchteküche. Es geht um ortsansässige Frauen, deren Telefonnummern Messina Denaro bei sich gehabt habe, oder um Einwohner, bei denen teure Autos in der Einfahrt stehen, obwohl sie offiziell keiner besonders einträglichen Arbeit nachgehen. Währenddessen melden sich die Angehörigen der Opfer zu Wort und erinnern an die grausamen Taten, für die der Verhaftete verantwortlich gemacht wird. Darunter die Erdrosselung der schwangeren Frau eines ehemaligen Komplizen und die Entführung und spätere Ermordung des damals erst zwölfjährigen Giuseppe Di Matteo. Delikte, die jeden Gedanken an den Gentleman-Verbrecher, als der Messina Denaro gern gesehen werden möchte, völlig absurd erscheinen lassen.

Die Einsatzleiter der Polizei, die dem Gesuchten seit Jahren auf der Spur waren, berichten verständlicherweise mit einer großen Portion Stolz von den mühevollen Ermittlungen, die letztlich zu der Gefangennahme des *superlatitante* geführt hätten. Und die Politik versäumt nicht, den Coup der Mafia-Jäger lautstark zu loben und als Zeichen der Stärke des Staates im Kampf gegen das organisierte Verbrechen zu deuten. Schnell werden aber auch Stimmen laut, die von einer offensichtlichen Absprache zwischen den Behörden und den Verbrechern ausgehen. Der Zugriff auf den Flüchtigen sei viel zu reibungslos abgelaufen, meinen sie. Außerdem liege auf der Hand, dass sich der todkranke Mann freiwillig in die Hände der Polizei begeben habe, wahrscheinlich im Zuge eines Deals mit dem Staat, der nun sicherlich seine Komplizen und Nachfolger schütze. Dies streiten die Verantwortlichen natürlich vehement ab.

Es ist wie immer, wenn es um die Mafia geht: Zu Beginn wurde jahrzehntelang bezweifelt, dass sie überhaupt existierte. Seit das bewiesen ist, gibt es allerorten mehr oder weniger begründete Zweifel an der Aufrichtigkeit von Kronzeugen, an der Ehrlichkeit der zuständigen Ermittler, an den Absichten der Politik, an den Recherchen von Journalisten und den Aussagen von echten oder vermeintlichen Experten. Die Wahrheit droht in einem Strudel aus Spekulationen, Verdächtigungen und Verdrängung unterzugehen. Was gerade noch eindeutig schien, wird unscharf und entzieht sich dem Zugriff. So bereitet der nagende, durch Jahrzehnte der Lügen und der Korruption genährte Zweifel das perfekte Umfeld, um dem von der Cosa Nostra sorgsam gepflegten Mythos einer letztlich doch unbezwingbaren Mafia immer neuen Auftrieb zu verschaffen.

Dabei gibt es einfache Begebenheiten, die diesem Mythos widersprechen. Als die Leute, die sich an jenem regnerischen Januarmorgen zufällig ebenfalls in der Umgebung der Klinik La Maddalena aufhielten, zu verstehen begannen, warum plötzlich überall Polizei zu sehen war, brandete spontaner Applaus auf. Später versammelte sich eine Menschenmenge vor der Kaserne der *carabinieri*. Sie wollten den Einsatzkräften ihren Respekt zollen, aber auch ihr Gesicht zeigen und bezeugen, dass Sizilien keineswegs mit der Mafia gleichzusetzen ist. Denn nichts anderes bedeutet der Slogan, den sie bis spät in die Nacht immer wieder lautstark im Chor riefen: »*Palermo è nostra e non di Cosa Nostra!*« – »Palermo gehört uns und nicht der Cosa Nostra!«

Im Land des Theaters

Bühnen für das Schauspiel des Lebens

> *La verità è che la Sicilia conserva una sua indipendenza spirituale, e questa si rivela più spontanea e forte che mai nel teatro.*
>
> *Tatsächlich bewahrt sich Sizilien seine geistige Unabhängigkeit, und im Theater enthüllt sie sich spontaner und stärker denn je.*
>
> ANTONIO GRAMSCI

Ist es die Tragödie eines Dichters der Antike? Die Oper eines genialen Komponisten? Ein volkstümliches, romantisch verklärtes Heldenepos? Oder ein groteskes Drama aus der Feder eines Poeten der Moderne? Was erlebt man bei einem Spaziergang über einen der zahlreichen Lebensmittelmärkte in Palermo, wenn man die Buden der Fischverkäufer passiert, die lautstark und voller Inbrunst ihre Ware anpreisen, um die nicht minder theatralischen, nur ein paar Meter weiter stationierten Obst- und Gemüsehändler zu übertönen? Oder beim Bummel in einem mittelalterlich anmutenden Städtchen im sizilianischen Hinterland, wenn zwei Frauen unter den Augen einiger auf Plastikstühlen sitzender, andächtig schweigender Senioren so gestenreich und intensiv über die korrekte Zubereitung einer *frascatula* diskutieren, als ginge es dabei nicht um eine örtliche *Polenta*-Variante, sondern um eine Frage von Leben und Tod? Es ist eine spontane, aber doch bühnenreife Inszenierung des Alltäglichen – oder einfach: das Schauspiel des Lebens.

Mag man dieses Schauspiel im gesamten Mezzogiorno finden, so nimmt das Theater auf Sizilien noch einmal eine besonders herausgehobene Rolle ein. Nicht ohne Grund bringt die Insel seit Generationen überdurchschnittlich viele Schauspiel-, Gesangs- oder Regietalente hervor, die sich sowohl in italienischen Film- und Fernsehproduktionen als auch auf den Theaterbühnen des Landes einen Namen machen. Und der in Agrigent geborene Literaturnobelpreisträger Luigi Pirandello verfasste zwar auch mehrere Prosawerke, berühmt wurde er jedoch aufgrund seiner Bühnenstücke, die in ihrem Mut zur Groteske und ihrem Hang zum Surrealismus althergebrachte Grenzen sprengten.

Das Fundament dieser sizilianischen Schauspieltradition liegt zweieinhalb Jahrtausende in der Vergangenheit. Die Relikte der ab dem fünften Jahrhundert vor Christus von den griechischen Kolonisten errichteten Theater in Taormina, Syrakus, Segesta, Tindari oder Piazza Armerina sind heute Teil der kulturellen Identität der Inselbewohner und gleichzeitig Touristenattraktionen ersten Ranges. Letzteres liegt nicht nur an der selbst noch in den Ruinen sichtbaren Schönheit und Ausgewogenheit ihrer Architektur oder an der Faszination der Begegnung mit einer längst vergangenen

Epoche. Es ist auch der Tatsache zu verdanken, dass die Bauherren der Antike diese Theater auf einzigartige Weise in die Natur einbetteten, oft auf erhöhten Standorten, die grandiose Ausblicke ermöglichen. So reicht das Auge von den Rängen des Theaters von Segesta über die Küstenlinie des Golfs von Castellamare und über die Höhenzüge des Naturreservats Lo Zingaro bis zum weit im Westen aufragenden, einst sagenumwobenen Gipfel des Monte Erice. Und von den Zuschauerrängen des bei Touristen noch beliebteren »Teatro Greco« in Taormina sieht man linker Hand die felsige, steil abfallende Küste und das sich dahinter endlos ausbreitende Meer, rechter Hand zerklüftete Hügel, über denen sich in einiger Entfernung der mächtige, stets von einer Rauchwolke gekrönte Ätna erhebt. Kein Wunder, dass dieser Ort zu den begehrtesten Auftrittsorten in Sizilien für nationale und internationale Musikstars von Klassik bis Rock und Pop zählt. Dazu kommen Spektakel wie das »Taormina Film Fest«, bei dem sich das Halbrund jedes Jahr Ende Juni für eine Woche in eine Mischung aus Ballsaal und Freiluftkino verwandelt.

Auch viele der übrigen antiken Theater Siziliens werden heute wieder bespielt. In Syrakus stellt man dabei zumindest teilweise die Verbindung zu den Ursprüngen her und wechselt Auftritte von Rockstars wie Gianna Nannini oder Claudio Baglioni mit hochkarätigen Neuinterpretationen von Stücken der Antike ab, darunter auch die ältesten erhaltenen Tragödien, deren Autor Aischylos 456 vor Christus auf Sizilien starb. Auch in Segesta sowie in den kleineren Theatern von Tindari oder Piazza Armerina können Kulturfreunde während jeder Sommersaison große und kleine, alte und neue, ernste und heitere *spettacoli* verfolgen.

In Catania steht das Theater, das die Römer in der Antike am Rand der Ortschaft errichtet haben, heute eng eingezwängt zwischen mehrstöckigen Gebäuden. Als es ab dem frühen Mittelalter nicht mehr genutzt wurde, überbaute man es mit Werkstätten und Wohnhäusern, sodass seine halbrunde Form über Jahrhunderte hinweg nur noch aus der Vogelperspektive andeutungsweise auszumachen war. Erst in den fünfziger Jahren wurden die meisten dieser Bauten abgerissen und das Theater wieder freigelegt. Es kann heute besichtigt werden, während des Sommers finden auch hier Konzerte oder andere Aufführungen statt.

Auf dem Weg zu den antiken Mauern passieren die Besucher ein in direkter Nachbarschaft gelegenes Gebäude, das, wie eine Gedenktafel verkündet, schon 1923 zu einem *monumento nazionale* erklärt wurde. Tatsächlich steht es für den Beginn der zweiten großen, bis heute nachwirkenden Epoche der sizilianischen Bühnenkunst, denn hier wurde im Jahr 1801 Vincenzo Bellini geboren. Der Spross einer Familie von Kirchenmusikern zählt zu den bedeutendsten Komponisten der italienischen Oper, auf Augenhöhe mit Legenden wie Rossini, Puccini oder Verdi. Die Strahlkraft seiner Werke lässt sich nicht nur daran messen, dass sie seit fast zwei Jahrhunderten von den größten Stars ihrer jeweiligen Zeit interpretiert werden, sondern auch an der erstaunlichen Tatsache, dass eine der beliebtesten kulinarischen Spezialitäten Catanias, die *pasta alla Norma*, ihren Namen Bellinis berühmtester Oper verdankt.

Nach einigen Achtungserfolgen war die 1827 uraufgeführte Oper »Il Pirata« der große Durchbruch für Bellini. Mit diesem bahnbrechenden Werk leitete er das Zeitalter der romantischen italienischen Oper ein, die später von Verdi und Puccini zur Perfektion gebracht wurde. Nun war sein Name in aller Munde, und einige seiner in den nächsten Jahren komponierten Werke übertrumpften »Il Pirata« sogar noch in der Gunst der Kritiker und der des Publikums – allen voran der Zweiakter »Norma«, der bis heute als sein wichtigstes Werk gilt. Der geniale Künstler starb bereits 1835 an den Folgen eines Leberleidens, doch seine kurze Lebenszeit hatte genügt, um der italienischen Oper einen unauslöschlichen Stempel aufzudrücken. Auf Bellinis Grabmal in der Kathedrale von Catania ist der Anfang der berühmtesten Arie aus seiner Oper »La sonnambula« eingraviert: *»Non credea mirarti si presto estinto o fiore«* – »Ich habe nicht geglaubt, dich so früh verblüht zu sehen, o Blume!«

In Vincenzo Bellinis Geburtsstadt gibt es für ihn natürlich mehr als nur ein Denkmal, sogar eine riesige, zentral gelegene Parkanlage wurde nach ihm benannt. Das eindrucksvollste Bauwerk, das den Namen des Komponisten trägt, ist zugleich das größte und prächtigste Theater Catanias und eine der bedeutendsten Bühnen Italiens. Errichtet in der zweiten Hälfte des 19. Jahrhunderts, sollte es nicht nur das zur selben Zeit in Palermo entstehende Teatro Massimo Vittorio Emanuele in den Schatten stellen, sondern auch mit den wichtigsten Opernhäusern Europas konkurrieren: dem Teatro alla Scala in Mailand, dem Teatro di San Carlo in Neapel oder der Opéra Garnier in Paris. Bereits beim Anblick der mit Säulen, Bogenfenstern, allegorischen Figuren sowie Büsten berühmter Musiker und Komponisten verzierten Fassade des Teatro Massimo Bellini ist dieser hohe Anspruch bis heute erkennbar. Hat man die noch kunstvoller ausgestattete und von Deckenfresken gekrönte Eingangshalle durchschritten, gelangt man in den Zuschauersaal, der das im Licht Dutzender Kronleuchter hell strahlende Herz des Opernhauses darstellt. Umgeben von rotem Samt, Blattgold und allegorischen Gemälden verfolgen hier bei ausverkauftem Haus etwa tausendzweihundert Zuschauer im Parkett und in den hundertdreizehn Logen das Geschehen auf der Bühne. Die Musiker schätzen neben der besonderen Atmosphäre des traditionsreichen Hauses auch seine Akustik, von der es heißt, sie werde durch die besonderen Eigenschaften des Vulkangesteins, auf dem Catania errichtet ist, begünstigt. Zur Eröffnung am 31. Mai 1890 gab es selbstverständlich Vincenzo Bellinis »Norma«, und das Gesamtwerk des Catanesen stellt bis heute die Konstante in der Programmplanung. Auch als Bellinis romantisch-melodramatische Opern in der ersten Hälfte des 20. Jahrhunderts aus der Mode gekommen waren, hielt man ihm in seinem »Wohnzimmer« in Catania die Treue. Und die Zeit gab den Sizilianern recht: Im Jahr 1950 sorgte ein legendärer Auftritt von Maria Callas in der höchst anspruchsvollen Titelrolle der »Norma« für die triumphale Rückkehr von Bellinis Kompositionen auf alle prestigeträchtigen Bühnen der Welt.

Doch nicht nur wegen der Errichtung der beiden großen Opernhäuser in Palermo und Catania ist das 19. Jahrhundert nach der Antike die zweite prägende Epoche für den Theaterstandort Sizilien. Bereits unter der Herrschaft der Bourbonen, aber vor allem nach der Einigung Italiens entstanden überall auf der Insel repräsentative Schauspielhäuser, die zunächst das Geltungsbedürfnis des Adels und später das Selbstbewusstsein des sich emanzipierenden Bürgertums verkörpern sollten. So entwarf der Architekt Giuseppe Damiani Almeyda in den 1860er Jahren in Palermo das Teatro Politeama Garibaldi, einen von Säulengängen umgebenen Rundbau, dessen riesiges Eingangsportal einem römischen Triumphbogen nachempfunden ist. Auch in der Provinz wurden in jener Zeit Schauspielhäuser errichtet, die mit prächtigen Logen und riesigen Deckengemälden kleinen Opernhäusern gleichen. Einige davon erstrahlen nach Jahrzehnten der Vernachlässigung heute wieder in altem Glanz, wie das 1880 in Racalmuto eröffnete Teatro Regina Margherita, das kaum weniger eindrucksvolle Teatro Pirandello in Agrigent oder das bereits 1851 eröffnete Teatro L'Idea in Sambuca di Sicilia.

Die prunkvollen Opernhäuser und die kunstvoll ausgeschmückten Theatersäle waren in erster Linie Treffpunkte der Oberschicht. Zur selben Zeit trat in Sizilien aber auch eine volkstümliche Form des Schauspiels ihren Siegeszug an: die *opera dei pupi*. Diese einzigartige Variante des Puppentheaters entstand wahrscheinlich aus der Tradition fahrender Sänger, die sich mit der Begeisterung für ein romantisch verklärtes Mittelalter verband. Wann die bis zu einem Meter hohen, mithilfe von Metallstäben bewegten Holzfiguren das erste Mal zum Einsatz kamen, weiß heute niemand mehr. Fest steht jedoch: Geschickte Puppenspieler konnten ihnen ausdrucksvolle, dramatische Gesten entlocken und sie akrobatische Schwertkämpfe ausfechten lassen, wie man sie bisher noch nie gesehen hatte. Neuerungen waren auch die kunstvollen Kostüme der weiblichen Figuren und die reich verzierten Rüstungen, Schilde und Helme der männlichen Protagonisten.

In der Mitte des 19. Jahrhunderts brach die goldene Ära dieses Puppentheaters an. Die mitreißenden Geschichten vom Kampf zwischen Normannen und Sarazenen, von Mut und Niedertracht, Liebe und Verrat wurden in den vielen kleinen Theatern, die nun in allen Winkeln der Insel entstanden, Abend für Abend fortgesetzt und entwickelten beim hauptsächlich aus der Arbeiterschicht stammenden Publikum eine Wirkung, wie es erst die Fernseh-Seifenopern sehr viel später wieder vermochten. Man fieberte mit, diskutierte die jüngsten Ereignisse und spekulierte darüber, was bei der nächsten Aufführung geschehen würde. Alle kannten die wichtigsten Charaktere: den Conte Orlando und seinen Rivalen, den Paladin Rinaldo, die schöne Angelica, um deren Gunst beide stritten, und natürlich den wackeren Krieger Ruggero in seiner glänzenden Rüstung. Mit der Zeit bildeten sich lokale Eigenheiten heraus, bald gab es zwei Hauptströmungen: die palermitanische und die catanesische Schule. Doch nicht nur in den beiden größten Städten der Insel, sondern auch in Trapani, Messina und Syrakus streute man örtliche Legenden in die Aufführungen ein oder setzte bei der begleitenden Musik individuelle Akzente, ohne dabei jedoch den grundlegenden Charakter des Theaters zu verändern.

Trotz einiger schwerer Krisen, hervorgerufen vor allem durch die wachsende Konkurrenz von Radio, Film und Fernsehen, hat sich die Tradition der *opera dei pupi* bis in die Gegenwart als lebendige Kunstform erhalten. Dies ist einigen Familien zu verdanken, die ihre Bühnen über Generationen hinweg auch vor kleinem Publikum bespielten. So werden heute in Palermo im Teatro Carlo Magno von Enzo Mancuso oder im Teatro di Via Bara all'Olivella von Mimmo Cuticchio noch regelmäßig Stücke aufgeführt. In Catania hält die Familie Napoli die Tradition mit ihrer Antica Bottega del Puparo aufrecht, wo Interessierte nicht nur die Bühnendramen verfolgen, sondern auf Wunsch auch einen Blick hinter die Kulissen und in die angeschlossene Werkstatt werfen können. Ein Angebot, das von Einheimischen und Touristen gleichermaßen begeistert angenommen wird. Das sizilianische Puppentheater hat keine prächtigen Bauwerke hervorgebracht, aber durch seine Geschichten und seine Ästhetik einen enormen Beitrag zum kollektiven Selbstverständnis der Sizilianer und zum kulturellen Reichtum der Insel geleistet – einen Beitrag, den die UNESCO durch die Aufnahme in die Liste des Immateriellen Kulturerbes der Menschheit anerkannte.

Doch auch das Geschehen auf den großen Bühnen wurde durch die *opera dei pupi* beeinflusst – vor allem in Catania. Dort hatte sich im Palazzo San Giuliano an der Piazza Università das Teatro Machiavelli der Puppenspieler-Familie Grasso etabliert. Doch den jungen *puparo* Giovanni Grasso, der nach dem Tod seines Vaters im Jahr 1888 die Leitung übernommen hatte, zog es selbst auf die Bühne, er wollte als »echter« Schauspieler mit vollem Körpereinsatz agieren. Deshalb gab er die Arbeit mit den Holzfiguren auf und gründete kurzerhand ein neues Ensemble, das fortan volksnahe Stücke im Dialekt der Insel präsentierte. Der Erfolg war durchschlagend, und das nicht nur in der Heimat. Man gab ein Gastspiel in Mailand, tourte bald darauf durch ganz Italien, und schließlich begeisterte Giovanni Grassos »Compagnia Drammatica Siciliana« sogar das Publikum in Sankt Petersburg, Paris, Barcelona und New York. Das kleine Theater an der Piazza Università wurde auf diese Weise zur Wiege einer Schauspielergeneration, die zu Beginn des 20. Jahrhunderts nicht nur die Bühnen von Turin bis Syrakus im Sturm eroberte, sondern auch die neuesten Entwicklungen im Bereich des Schauspiels für sich nutzte. Als um die Zeit des Ersten Weltkriegs in Italien erste Stummfilme produziert wurden, besetzten Giovanni Grasso und Angelo Musco aus Catania sowie Virginia Balistreri aus Trapani die Hauptrollen, Regie führte mit Nino Martoglio ebenfalls ein Sizilianer.

Das Teatro Machiavelli hatte zu dieser Zeit bereits seine Pforten geschlossen. Doch die große catanesische Schauspieltradition, die dort ihren Anfang genommen hatte, fand ab Mitte des 20. Jahrhunderts im Teatro Stabile di Catania ihre Fortsetzung, wo man seit der Gründung vor allem darauf bedacht ist, dem Publikum Stücke aus der Feder sizilianischer Autoren zu präsentieren. Dazu kommen viele weitere große und kleine Bühnen, die die Ätna-Metropole in der Gegenwart zur unangefochtenen Theaterhauptstadt der Insel machen.

An verschiedenen Orten in Sizilien wurden in jüngster Vergangenheit neue Bühnen errichtet, die jedoch weniger auf spektakuläre Ausmaße oder luxuriöse Ausstattung, sondern auf das harmonische Zusammenspiel mit ihrer Umgebung setzen. Das gilt zum Beispiel für das Teatro Pietra Rosa in der kleinen, auf dem Gipfel eines neunhundert Meter hohen Berges liegenden Ortschaft Pollina. Unter freiem Himmel, in seiner Form einem antiken griechischen Theater nachempfunden, bietet es eine atemberaubende Aussicht auf die Berge der Madonie, auf die Küste mit der nahen Rocca di Cefalù bis weit hinaus auf das Tyrrhenische Meer, aus dem sich in der Ferne die Äolischen Inseln erheben. Oder das ins raue Hügelland des Inselinneren eingebettete, archaisch anmutende Teatro Andromeda, das der Schafhirte Lorenzo Reina im Laufe von dreißig Jahren eigenhändig errichtete und das seit seiner Präsentation auf der Architekturbiennale 2018 jährlich Tausende Neugierige in die abgelegene Ortschaft Santo Stefano Quisquina zieht. Wie ihre antiken Vorbilder machen diese neuen Theater die Landschaft Siziliens zu ihrem Bühnenbild: Berge, die Schutz versprechen und zugleich schwer zu überwindende Hindernisse darstellen. Burgruinen, die die Vergänglichkeit aller menschlichen Errungenschaften verkörpern. Das Meer, das Sehnsucht und Entdeckerdrang weckt – und gleichzeitig eine unbestimmte Furcht vor den Bedrohungen, die jeden Moment am Horizont auftauchen könnten. Und schließlich den Vulkan, in dem sich auf zerstörerische Weise all das Bahn bricht, was normalerweise in der Tiefe verborgen bleibt. Könnte es eine geeignetere Kulisse geben für eine Tragödie des antiken Dichters

Aischylos oder eine Oper aus der Feder Vincenzo Bellinis? Einen passenderen Rahmen für ein volkstümlich-romantisches Mittelalterepos oder ein groteskes Bühnendrama von Luigi Pirandello? Natürlich nicht. Und erst recht nicht für das nie endende, jede Fantasiegeschichte weit überflügelnde Schauspiel des Lebens.

Il Grande Cretto

Das alte und das neue Gibellina

Tutta la Sicilia risorge sempre con l'arte, è una specificità nostra.

Ganz Sizilien erhebt sich immer wieder mithilfe der Kunst, das ist unsere Eigenart.

Ludovico Corrao, ehemaliger Bürgermeister von Gibellina

Wird mich diese Straße tatsächlich ans Ziel bringen? Immer wieder verschwindet der Asphalt, dann steuere ich den Wagen im Schritttempo über eine löchrige Schotterpiste. Rundherum sehe ich seit einigen Kilometern nur Felder, Weinberge, Hügelland. Dann taucht hinter einer Kurve plötzlich ein gespenstisches Ruinenfeld auf: im hohen Gras kaum noch auszumachende Grundmauern, überwucherte Schutthaufen, daneben einzelne Wände mit rechteckigen Fenster- und Türaussparungen, ein in der Mitte abgeknickter Kirchturm. Gespenstisch. Wenn ich mich nicht irre, müssten das die seit mehr als fünfzig Jahren verwaisten Überreste der Ortschaft Salaparuta sein. Der letzte Wegweiser, an dem ich vorbeikam, war derart verbeult und von Rost zerfressen, dass man darauf nichts mehr erkennen konnte.

Das Belice-Tal ist eine unwegsame Gegend und liegt weit entfernt von der ausgleichenden Wirkung des Meeres, sodass es im Sommer von Trockenheit und Hitze geplagt wird, während im Winter oft ein unerwartet kalter Wind über die Höhenzüge fegt. Wie drückend hier die Hitze sein kann, verspüre ich wegen der kaputten Klimaanlage in meinem Wagen am eigenen Leib. Wie kalt es hier im Januar 1968 gewesen sein muss, in jener verhängnisvollen Nacht, die das Leben im Belice-Tal für immer veränderte, kann ich dagegen nur vermuten.

Erdbeben gibt es auf Sizilien häufig. Catania musste in seiner Geschichte unzählige Male wiederaufgebaut werden, und die Erinnerung an den Schrecken des Bebens, das 1908 Messina zerstörte, ist noch immer erstaunlich präsent. Doch an der Westküste, in scheinbar sicherer Entfernung zum stets brodelnden Ätna, hatte man nicht mit Erdstößen vergleichbarer Stärke gerechnet. Als der Boden am Nachmittag des 14. Januar erstmals zu schwanken begann, verließen die Bewohner der Dörfer in Panik ihre Häuser. Die meisten von ihnen verbrachten die Nacht im Freien, während das Tal immer wieder von Neuem erschüttert wurde. Mit jedem Erdstoß stürzten weitere Gebäude ein und begruben diejenigen unter Trümmern, die bereits verzweifelt nach ihren verschütteten Verwandten und Freunden zu suchen begonnen hatten. Am Ende zählte man mehr als dreihundert Tote und etwa tausend Verletzte. Siebzigtausend

Menschen hatten binnen weniger Stunden ihr Zuhause verloren.

Sobald die Nachricht von der Tragweite der Katastrophe aus dem abgelegenen Belice-Tal in die Welt gedrungen war, liefen die ersten Hilfsaktionen an. Eine Region, aus der die Menschen bereits seit Jahrzehnten abgewandert waren, erlebte nun einen regelrechten Exodus: Tausende machten sich auf zu Freunden und Verwandten in Norditalien oder im Ausland – und viele von ihnen kehrten nicht mehr zurück.

Die Ortschaften Gibellina, Poggioreale, Salaparuta und Montevago waren komplett zerstört. Statt diese wiederaufzubauen, beschloss man, in ihrer Umgebung für die ehemaligen Bewohner moderne Siedlungen zu errichten. Enge Gassen und steile Treppen sollten der Vergangenheit angehören, dafür würde in den auf dem Reißbrett geschaffenen Orten der Autoverkehr ungehindert fließen und jeder hätte seinen persönlichen Parkplatz sowie einen kleinen Garten direkt vor der Haustür.

Das nach diesen Maßgaben entworfene neue Salaparuta habe ich auf meinem Weg bereits hinter mir gelassen. Die gleichförmigen, in Reih und Glied stehenden Häuser wirken abweisend und steril, ein moderner, kantiger Kirchenbau am Rand einer öden, viel zu großen *piazza* verstärkt diesen Eindruck.

Ludovico Corrao, der Bürgermeister von Gibellina, erkannte die Gefahr, die in einem seelenlosen

Neubau lag, und verfolgte eigene Pläne. Nuova Gibellina sollte demnach nicht nur den modernen Lebensgewohnheiten entsprechen, sondern eine weit über das Belice-Tal hinausreichende Strahlkraft entfalten – und zwar mithilfe moderner Kunst. Es gelang dem umtriebigen Politiker, einige der profiliertesten Architekten und Künstler seiner Zeit für sein ehrgeiziges Projekt zu begeistern. Neben den Italienern Pietro Consagra und Renato Guttuso waren darunter auch Deutsche wie Oswald Mathias Ungers und Joseph Beuys. So entstand im Laufe der Zeit eine Stadt, in der heute mehr moderne Kunstwerke im öffentlichen Raum zu sehen sind als an jedem anderen Ort Italiens.

Im Jahr 1980, als Nuova Gibellina bereits Form angenommen hatte, versuchte Bürgermeister Corrao auch den damals bereits weltberühmten umbrischen Maler und Bildhauer Alberto Burri für einen Beitrag zu seiner Utopie zu gewinnen. Burri sah sich in Nuova Gibellina um und stellte ohne Umschweife fest, dass er hier nichts hinzuzufügen habe. Anschließend fragte er den Bürgermeister, wo eigentlich die Reste der alten Ortschaft seien. Man brachte ihn dorthin, und der Anblick der verlassenen Ruinen inmitten der rauen Hügellandschaft bewegte Burri zutiefst. Dem Künstler, in dessen abstrakten Werken scharfe Kontraste und unterschiedliche Oberflächenstrukturen stets eine wesentliche Rolle spielten, war sofort klar, dass er hier etwas bisher nicht Dagewesenes erschaffen könnte.

Ich fahre weiter, lasse die traurigen Reste von Salaparuta hinter mir. Die Straße windet sich über ein paar Serpentinen einen Hang hinauf. Mein Ziel müsste jetzt jeden Moment vor mir auftauchen. Noch eine Kurve, dann ist es endlich so weit: Wie ein riesiges, sorgfältig über den Abhang gebreitetes weißes Tuch leuchtet der Grande Cretto in der Mittagssonne. Kurz darauf bin ich auch schon auf einem großen, vollkommen leeren Parkplatz angekommen – direkt zu Füßen eines der größten Land-Art-Kunstwerke der Welt: eine Zementschicht von eins Komma sechs Metern Höhe, grob rechteckig, etwa dreihundert Meter lang und vierhundert Meter breit. Die gleichmäßige helle Oberfläche ist nur durchbrochen von sich kreuzenden und verzweigenden, zwei bis drei Meter breiten Spalten, die die Gassen Gibellinas nachzeichnen und auf denen man heute durch das Kunstwerk spazieren kann.

Ich steige aus, setze meinen Strohhut auf, um mich vor der unbarmherzigen sizilianischen Sonne zu schützen, und sehe mich um. Außer mir scheint kein Mensch hier zu sein. Nichts ist zu hören, bis auf den Ruf eines Raubvogels, der weit über meinem Kopf seine Kreise zieht. Ich atme einmal tief durch, dann überquere ich die Straße und betrete den Grande Cretto.

Alberto Burris Idee war nicht leicht umzusetzen, und vom italienischen Staat gab es dafür keine finanziellen Mittel. Der findige Bürgermeister sicherte sich trotzdem öffentliche Gelder für den

Bau, indem er die Arbeiten an den Ruinen kurzerhand zur notwendigen »hydrogeologischen Absicherung« erklärte. Die schwierige und gefährliche Aufgabe, die Gebäudereste abzutragen und sie in Metallkäfigen zu komprimieren, damit sie in der Folge einzementiert werden konnten, übernahmen Spezialisten des italienischen Heeres. Außerdem verpflichtete Corrao die Unternehmen, die mit Aufträgen für die extravaganten Bauten in Nuova Gibellina gutes Geld verdienten, die Realisierung des Grande Cretto zu unterstützen.

So wurden ab 1985 nach und nach zwei Drittel des Kunstwerks fertiggestellt. Doch 1989 versiegte der Zufluss an Spenden, die Arbeiten wurden eingestellt, für mehr als zwei Jahrzehnte herrschte Stillstand. Der ursprünglich strahlend weiße Zement verfärbte sich nach und nach dunkelgrau, und so, wie sie bereits die Ruinen der Ortschaft überwuchert hatte, begann die Natur nun, sich die riesige Skulptur Untertan zu machen: Kletterpflanzen rankten an den Wänden empor, winzige Risse in der glatten Oberfläche vergrößerten sich, bis Grasbüschel aus ihnen wuchsen. Der bereits in seiner damaligen Gestalt beeindruckende Grande Cretto schien sich unter die vielen Projekte im Belice-Tal einzureihen, die – voller Enthusiasmus begonnen – bereits vor ihrer Fertigstellung dem Verfall preisgegeben waren.

Der Zement hat alles eingeebnet und gleichförmig gemacht. Trotzdem bietet jede Gasse und jeder

Winkel innerhalb der Skulptur neue, einzigartige Perspektiven. Immer wieder schweift mein Blick über die sanft geschwungene Oberfläche hinweg in die Landschaft, die mit ihrem Flickenteppich aus Feldern und Weinbergen, vereinzelten Baumgruppen und einigen verfallenen Gebäuden einen augenfälligen Kontrast zur künstlichen Harmonie des Grande Cretto bildet. Dort draußen spielt sich das Leben ab, mit seiner permanenten Veränderung und in all seinen zufälligen Ausformungen. Hier im Grande Cretto scheint das weit weg, unwiederbringliche Vergangenheit.

Ich stehe an einer zentralen Kreuzung und weiß nicht, ob hier vielleicht einmal ein Lebensmittelgeschäft war oder ein Metzger, eine Bar oder ein Friseur. Noch gibt es Menschen, die regelmäßig aus der neuen Stadt herkommen, um die Stelle zu besuchen, an der ihr Elternhaus stand. Sie haben als Kinder in diesen Gassen gespielt, erinnern sich an den Klang der Kirchenglocken und wissen noch, wo der *forno* zu finden war und durch welche Gassen morgens der Duft nach frisch gebackenem Brot zog. Ich gehe weiter, bewege mich behutsam durch dieses Monument für Generationen, die hier lebten, liebten, arbeiteten und starben, für ihre verlorenen Träume, Sehnsüchte, Sorgen und Ängste. Für eine Zukunft, die in einer Winternacht des Jahres 1968 plötzlich unter einstürzenden Dächern und umkippenden Wänden verschüttet wurde.

Als ein Windhauch ein leises Kichern an meine Ohren trägt, fahre ich erschrocken zusammen. Für eine Sekunde befürchte ich, dass meine Sinne mir einen Streich spielen und mir Stimmen vorgaukeln könnten, die doch längst für immer verklungen sind. Aber als ich einige Schritte weitergehe und der Gasse um die nächste Biegung folge, klärt sich alles auf: Da posiert eine junge Frau in einem luftigen Sommerkleid vor der weißen Wand und rückt sich den bunten Sonnenhut zurecht, während ein Mann in kurzen Hosen mit einem lässig über eine Schulter gehängten Rucksack und gezücktem Fotoapparat Anweisungen gibt. Die beiden sprechen Englisch. Wahrscheinlich haben sie auf der anderen Seite geparkt, sind nicht wie ich durch das unwegsame Hinterland gefahren, sondern von Nuova Gibellina gekommen, über eine viel besser ausgebaute und gut beschilderte Strecke. Denn der Grande Cretto gilt heute unbestritten als das beeindruckendste Kunstwerk unter den vielen, die nach dem Beben in der Region entstanden.

Anfang der neunziger Jahre endete die Ära Ludovico Corraos als Bürgermeister. Doch als sein gewaltsamer Tod im Jahr 2011 noch einmal für überregionale Schlagzeilen sorgte, kam plötzlich auch eines seiner Herzensprojekte wieder auf die Tagesordnung. Was für viele Jahre unrealistisch erschienen war, konnte nun dank neuer Finanzierungsmöglichkeiten in Angriff genommen werden: die Vollendung des Grande Cretto. 2015, pünktlich zum hundertsten Geburtstag des 1995 verstorbenen Alberto Burri, war das Ziel dann tatsächlich erreicht. Das Werk umfasste jetzt die einst geplante Fläche von siebenundachtzigtausend Quadratmetern, und seit der Restaurierung der älteren Teile präsentiert es sich komplett in der scheinbar makellosen Weise, die der ursprünglichen Vision des Künstlers entsprechen dürfte und deren Anblick aus der Nähe tatsächlich eine erstaunliche Wirkung entfaltet.

Die als Lebensraum und Freilichtmuseum zugleich konzipierte Stadt Nuova Gibellina konnte die in sie gesteckten Erwartungen hingegen nie erfüllen. Das liegt vielleicht an architektonischen Fehlkonzeptionen wie den zu breiten Straßen und übergroßen Plätzen, die in ihrer Leere trist wirken und auf denen kaum ein schattiges Plätzchen zu finden ist. Aber auch daran, dass viele Gebäude, wie etwa das von Pietro Consagra erdachte Grande Teatro, noch immer auf ihre Fertigstellung warten, während andere ungenutzt wieder verfallen.

Zwar wehren sich die heute Verantwortlichen gegen das Vorurteil, dass hier ein paar abgehobene Künstler weltfremde, für die ländliche Bevölkerung völlig ungeeignete Ideen umgesetzt hätten. Wenn Nuova Gibellina nicht gewachsen sei, entgegnen sie, dann liege das daran, dass der gesamte Mezzogiorno seit Jahrzehnten einen Niedergang erlebe. Sie haben ihren Plan nicht aufgegeben, die Ortschaft als Zentrum moderner Kunst zu etablieren und ihr dadurch mehr Anziehungskraft zu verleihen. Dazu beitragen soll vor allem das jährliche Kunst- und Theaterfestival »Orestiadi«, das immer auch Veranstaltungen wie Konzerte oder Lesungen am neun Kilometer Luftlinie entfernten Grande Cretto umfasst.

Ich folge den Gassen bis zum höchsten Punkt des Grande Cretto, begegne oben einer weiteren kleinen Touristengruppe, verweile, höre den italienisch sprechenden Stimmen zu und genieße die Aussicht, bevor ich schließlich auf einem anderen Weg wieder hinabspaziere. Beim Parkplatz angekommen, leere ich erschöpft eine mitgebrachte Wasserflasche, werfe einen letzten staunenden Blick auf die einzigartige Hülle aus Zement, dann setze ich mich hinter das Steuer und fahre wieder los. Nun biege auch ich auf die gut ausgebaute und beschilderte Straße ein, die mich nach Nuova Gibellina führen wird. Obwohl ich viel Negatives über die Ortschaft gelesen habe, bin ich neugierig. Ich möchte die eigenartige Bauweise, die zahlreichen Skulpturen, die eigentümlich geformte Chiesa Madre und den riesigen, die Zufahrtsstraße zur Stadt überspannenden Stern von Pietro Consagra mit eigenen Augen sehen.

Während ich der Straße durch das Belice-Tal folge und gelegentlich Traktoren überhole, ziehen üppige Weinberge an mir vorüber. Viele Menschen sind von hier weggezogen und haben in der Ferne neu angefangen. Doch denjenigen, die geblieben sind, bietet die Landwirtschaft inzwischen neue Perspektiven. Das Belice-Tal, in dem schon die alten Griechen Trauben angebaut haben sollen, hat sich in den vergangenen Jahrzehnten zu einer renommierten Weingegend gemausert. Aus den Sorten Nero d'Avola, Sangiovese, Catarratto, Grecanico und Ansonica werden, etwa unter dem Label »Santa Margherita di Belice DOC«, sowohl Rot- als auch Weißweine produziert, die höchsten Qualitätsansprüchen genügen.

Die mit Rebstöcken bestückten Hänge prägen inzwischen das Antlitz der gesamten Gegend. Die Vergangenheit liegt unter einer dicken Zementschicht begraben. Während hochfliegende Pläne kläglich scheiterten, hat sich das Leben in den Hügeln des Belice-Tals seine eigenen Wege in die Zukunft gebahnt. Vielleicht sind sie es, die schließlich ans Ziel führen, auch wenn sie nicht breit und eben, sondern eng und unbequem sind, sich oft steil bergauf oder bergab schlängeln, sich kreuzen und verzweigen – so wie die Gassen des alten Gibellina.

Der Gesang des Vulkans

Der Ätna als Objekt der Wissenschaft

E su tutti grandeggia candido l'Etna,
la Montagna per antonomasia,
a ricordare la potenza del fuoco che,
oltre le vicende degli uomini,
è la vera, immortale anima dell'isola.

Und der Ätna, der Berg par excellence,
erhebt sich weiß über alles,
um an die Macht des Feuers zu erinnern,
das, jenseits aller menschlichen Schicksale,
die wahre, unsterbliche Seele der Insel ist.
CARLO PICCHIO

Auf über dreitausend Metern Höhe wächst nichts mehr. Austretende Gase und der regelmäßige Niederschlag von Asche zwingen selbst an extreme Lebensräume angepasste Sträucher, Moose und Flechten zum Rückzug. So bleibt nichts als totes schwarzes Geröll, aufgehäuft zu einer von ehemaligen Lavaflüssen und erloschenen Kratern zerfurchten Mondlandschaft. Irgendjemand hat hier, mitten im Nirgendwo, eine weiße Kiste mit schwarzem Deckel abgelegt. Sie ist etwa vierzig Zentimeter hoch, die Seitenlänge dürfte knapp über einen Meter betragen. Ein paar Schritte weiter wurden vier Solarpanele auf ein im Boden verankertes Gestell aus Stahl montiert.

»So werden die Messinstrumente mit Strom versorgt«, erklärt Mariangela Sciotto, während sie den Reißverschluss ihrer roten Daunenjacke zuzieht. Hier oben weht ein kalter Wind, von dem auf der holprigen Fahrt im Allrad-Geländewagen noch nichts zu spüren war. Mariangelas Kollege Luciano Scuderi, der Verantwortliche für die Technik des Überwachungsnetzwerks zur Erforschung des Ätna, ist bereits bei der Kiste angelangt. Er hantiert etwas umständlich mit einem Schlüssel, klappt dann den Deckel auf, steigt vorsichtig über den weißen Rand – und ist im nächsten Augenblick nicht mehr zu sehen.

Die Kiste ist viel tiefer, als es von außen den Anschein macht, denn ihr größter Teil ist im Vulkangestein vergraben. Luciano Scuderi steht nun eingezwängt zwischen den an den Wänden befestigten Geräten. Er bückt sich, so gut es geht, um einen der Apparate zu fassen zu kriegen. Nachdem er ein paar Steckverbindungen gelöst hat, hebt er vorsichtig ein Brett in die Höhe, auf dem zwei durch Kabel verbundene Kästchen montiert sind.

»*Ecco*«, sagt er, und auf seinem bärtigen Gesicht erscheint ein stolzes Lächeln. »Das ist ein Infraschall-Messgerät.«

Der Ätna ist nicht nur der höchste aktive Vulkan in Europa, sondern auch einer derjenigen, die weltweit am intensivsten überwacht werden. Dies liegt vor allem an den Mitarbeitern des in Catania ansässigen Osservatorio Etneo. Sie betreiben hohen Aufwand, um mithilfe von Seismografen und anderen Messgeräten jede Regung des Feuerbergs aufzuzeichnen und sie in Kombination mit den immer besseren Bildern, die Drohnen und Satelliten von den verschiedenen Kratern und deren Veränderungen liefern, zu analysieren. Dabei werden sie von Wissenschaftlern der Universität von Catania, aber auch von Forschern aus Canterbury und Boston unterstützt.

In Deutschland gibt es ebenfalls Spezialisten, die sich sehr dafür interessieren, was am Ätna geschieht. Sie arbeiten im Center for Ocean and Society in Kiel daran, die Ursachen von Tsunamis besser zu verstehen. Diese Riesenwellen entstehen in der Regel bei Beben auf dem Meeresgrund, sie können aber ebenso durch Erdrutsche ausgelöst werden. Und solch eine Katastrophe ist auch in der Straße von Messina keinesfalls ausgeschlossen, denn dass die Ostflanke des Ätna langsam in Richtung Meer abrutscht, haben Wissenschaftler längst nachgewiesen. Selbst für Laien ist das an den klaffenden Rissen in Hauswänden und Straßen oberhalb der Ortschaft Acireale deutlich zu erkennen. Derzeit sinkt der Boden hier glücklicherweise nur wenige Zentimeter pro Jahr ab und es gibt keine Anzeichen für einen kurz bevorstehenden rasanten Abbruch. Doch wie sieht es unter der Wasseroberfläche aus?

Dort setzt sich der Abhang fort, wird teilweise sogar noch steiler. Die Forscher aus Kiel haben deshalb bereits im Jahr 2016 in der Tiefe Geräte installiert, die regelmäßig anhand von akustischen Signalen den Abstand zueinander messen, was Rückschlüsse auf Verschiebungen des Meeresbodens zulässt. Erste Ergebnisse aus dem Jahr 2019 bestätigten, dass sich die Ostflanke unter Wasser während einer relativen Ruhephase des Vulkans mit einer ähnlichen Geschwindigkeit abgesenkt hat wie die höher gelegenen Bereiche.

Doch der Geowissenschaftler Doktor Felix Gross, der im Center for Ocean and Society den Bereich für Naturgefahren der Küsten und Meere leitet, gibt sich mit dieser Erkenntnis nicht zufrieden. Seit 2021 ist der Ätna wieder deutlich aktiver, deshalb sieht er nun die Chance, mögliche direkte Zusammenhänge zwischen Ausbrüchen und dem Abrutschen der Flanke nachzuweisen. Dies könnte nicht nur für ihn und seine Kollegen von großer Bedeutung sein, sondern für alle Menschen, die in der Umgebung des Vulkans leben. In jüngerer Vergangenheit hat sich bereits mindestens einmal ein verheerender Tsunami im direkten Umfeld des Ätna gebildet: bei der Erdbebenkatastrophe von 1908, die die Städte Messina, Reggio Calabria und Palmi beinahe komplett zerstörte und etwa achtzigtausend Menschen den Tod brachte. Jedes Forschungsergebnis, das der Ursache solcher Ereignisse auf den Grund geht und dazu beiträgt, die Vorwarnzeit für die Bevölkerung zu erhöhen, könnte bei zukünftigen Katastrophen Leben retten.

Rund um die Piazza Roma zeigt sich die oft chaotische und nicht in jedem Viertel vorzeigbare Stadt Catania von ihrer besseren Seite. Hier steht die eindrucksvolle Villa Trigona di Misterbianco, gegenüber thront inmitten einer Grünanlage ein Reiterstandbild König Umbertos I., direkt dahinter erstreckt sich der riesige Giardino Bellini. Inmitten dieses illustren Ensembles befindet sich der Hauptsitz des Osservatorio Etneo Sezione Catania, ebenfalls in einem repräsentativen *palazzo*.

Der Arbeitsplatz von Mariangela Sciotto hat nichts Repräsentatives: ein schlichter Schreibtisch, eine Tastatur und zwei Bildschirme. Auf einem davon sind die Aufzeichnungen einer Wärmebildkamera vom Südostkrater des Ätna zu sehen, ein dunkelblauer Hügel mit einigen gelben und orangen Flecken. Doch diese Bilder sind eigentlich nur Begleitmaterial. Denn die aktuelle Arbeit des Teams von Mariangela Sciotto dreht sich hauptsächlich um Geräusche. Poetisch veranlagte Journalisten schrieben nach der Veröffentlichung der neuesten Forschungsergebnisse in der Fachzeitschrift *Nature* vom *canto dell'Etna* – dem Gesang des Ätna. Bei diesem Gesang handelt es sich nicht um das bei hoher Aktivität manchmal vom Gipfel herabtönende Donnergrollen, das selbst so manchen hartgesottenen Anwohner zusammenzucken lässt. Vielmehr geht es um Schallwellen von derart niedriger Frequenz, dass sie für das menschliche Gehör gar nicht wahrnehmbar sind. Um sie aufzuzeichnen, brauchen die Wissenschaftler die neun hochempfindlichen, in weißen Kisten rund um die Kraterlandschaft des Vulkans verteilten Messgeräte.

Nachdem es im Februar 2021 am Südostkrater zu einem heftigen Ausbruch gekommen war, zeigten die Wellen des vorangegangenen Tages eine auffällige Struktur. Ihre Bedeutung ist für Laien am einfachsten zu verstehen, wenn das Signal mit erhöhter Geschwindigkeit abgespielt und dadurch hörbar wird.

Mit einem Mausklick startet Mariangela Sciotto das Video auf dem Bildschirm. Die gelben und orangen Flächen flimmern im Zeitraffer und werden größer. Dazu ertönt ein tiefes Rauschen, das unspektakulär beginnt, jedoch schnell an Intensität und Tonhöhe zunimmt. Der Gesang des Ätna erinnert nüchtern betrachtet an das Röcheln einer Espressokanne auf dem Herd. Die Wissenschaftlerin hat jedoch ein etwas musikalischeres Bild parat: »Man kann sich den Kanal, in dem die Lava nach oben steigt, wie eine Orgelpfeife vorstellen«, erklärt sie und deutet auf eine vom Computer ins Bild der Wärmekamera projizierte blassrote Säule, die diesen Kanal darstellen soll. »Mit dem Anstieg verkürzt sich das Rohr, der Resonanzraum wird kleiner und der Ton höher.«

Diese Beobachtung könnte in Zukunft dazu beitragen, Ausbrüche zuverlässiger vorherzusagen. Den Forschern geht es dabei nicht allein um die großen Katastrophen. Auch kleinere Eruptionen ohne Todesopfer und massive Schäden an

Gebäuden haben unangenehme Folgen: Die dabei freigesetzten Aschewolken legen regelmäßig den Flugverkehr lahm, und die Rußpartikel bedecken Häuser, Gärten und Straßen in den umliegenden Ortschaften mit einer oft mehrere Zentimeter dicken Schicht, die sich bei Regen in Schlamm verwandelt.

Doch die zuverlässigere Vorhersage von Ausbrüchen ist nur ein mögliches Gebiet, in dem die Ergebnisse der Forscher des Osservatorio Etneo Anwendung finden könnten. Vielleicht werden sie auch den vielen anderen Wissenschaftlern von Nutzen sein, die in den USA, in England oder an der deutschen Nordseeküste daran arbeiten, zumindest einige Geheimnisse des Ätna zu entschlüsseln. Es dürfte sich jedenfalls lohnen, dem Gesang des Vulkans auch in Zukunft aufmerksam zu lauschen.

Die Tochter der Winde

Über den Mond nachdenken auf Pantelleria

Questa è la prima isola al mondo che non mi provoca ansia e desiderio di fuga, ma solo calma e voluttà.

Dies ist die erste Insel der Welt, die bei mir weder Angst noch Fluchtinstinkt weckt, sondern nur Ruhe und Sinnlichkeit.

GIUSEPPE BERTOLUCCI

Zwei Stunden vor Sonnenaufgang scheint die Nacht so unendlich wie das sich tiefschwarz unter dem Sternenhimmel ausbreitende Meer. An diesem frühen Julimorgen weht nur eine sanfte, salzige Brise vom Wasser über die nackten Felsen und die dichte *macchia* zu dem einstöckigen Gebäude, auf dessen Terrasse sich eine kleine Gruppe vor einem Fernsehgerät versammelt hat. Der flimmernde Bildschirm zeigt eine karge, hell erleuchtete Gesteinswüste vor dunklem Hintergrund. Der Astronaut, der in einem Raumanzug langsam die letzten Sprossen einer Leiter hinabsteigt, ist nur schemenhaft zu erkennen. Verzerrte Funksprüche untermalen die Szene: One giant leap for mankind.

Unter den Menschen auf der Terrasse befindet sich ein zweiundvierzigjähriger Kolumbianer, der vor einigen Tagen mit seiner Frau, seinen beiden

Söhnen und einem Babysitter angereist ist. Der Mann, den alle nur »Gabo« nennen, arbeitet als Schriftsteller. Vor zwei Jahren hat er einen Roman veröffentlicht, der ihm internationale Anerkennung verschaffte. Erschöpft von vielen anstrengenden Monaten voller Lesungen, Interviewanfragen und Ideen für neue Projekte, nahm er schließlich gern das Angebot eines Mitarbeiters seines italienischen Verlags an, sich eine Zeit lang in dessen Ferienhaus auf einer abgelegenen Insel am äußersten Rand Italiens zu entspannen. Und nun ist er hier, sieht auf einem kleinen Bildschirm den Mond und fühlt sich, als wäre er selbst dort gelandet. Denn diese Insel aus dunklem Lavagestein mit ihren zerklüfteten Küsten, den kargen Hügeln und Ebenen, den natürlichen, aus heißen vulkanischen Quellen gespeisten Becken und den von Dampf aus dem Erdinneren durchströmten Grotten erscheint ihm wie eine fremde, eigenartig ursprüngliche Welt.

Der Name Pantelleria stammt aus dem Arabischen, die muslimischen Eroberer im 9. Jahrhundert nannten die Insel Bint al-aryāh, »Tochter der Winde«. Tatsächlich wird sie oft von heftigen, tagelang andauernden Stürmen heimgesucht. Im Frühjahr und im Herbst bringt der Maestrale kühle Luft aus dem Norden, während der aus dem Süden wehende Scirocco die drückende Hitze und den Sand der Sahara über das Eiland legt. Doch im Sommer des Jahres 1969 zeigt sich Pantelleria von seiner sanften Seite, das dunkelblaue Meer breitet sich still und scheinbar unbeweglich bis an den

Horizont aus, an dem in besonders klaren Nächten die Lichter der sechzig Kilometer entfernten Küste Nordafrikas auszumachen sind.

Der junge Mann namens Paolo, der sich um das Ferienhaus des Verlagsmitarbeiters kümmert, versteht sich blendend mit den Besuchern aus Südamerika. In den Wochen nach der Mondlandung spielt er mit den Kindern und begleitet den Vater bei Boots- und Tauchausflügen. Dabei fangen die beiden Männer Fische und sammeln Meeresfrüchte, Paolos Mutter bereitet aus der reichen Beute köstliche Mahlzeiten zu. Es ist das beschauliche Leben in einer eigenartigen Zwischenwelt, näher an Tunesien als an Sizilien, aber weder Europa noch Afrika wirklich zugehörig. Eine Insel wie ein Solitär, verloren in den Weiten des Meeres.

Zehn Jahre nach der erfolgreichen Mission der Raumfähre Apollo 11 wird Pantelleria gefunden. Der Entdecker, der die Insel zu einem Traumziel der Reichen und Schönen machen wird, heißt Giorgio Armani. Sein weltweiter Durchbruch als Modeschöpfer liegt noch nicht lange zurück, als er erstmals einen Fuß auf das Eiland setzt. Zunächst ist er enttäuscht, Pantelleria erscheint ihm allzu rau und wenig einladend, er kann es kaum erwarten, so schnell wie möglich wieder abzureisen. Doch dann führt ihn der Zufall in eine malerische Bucht namens Cala Gadír an der Ostküste, in der drei halb verfallene *dammusi* stehen. Diese traditionellen einstöckigen Gebäude aus dem dunklen Vulkangestein der Insel dienen seit Jahrhunderten als Ställe, Geräteschuppen oder Wohnhäuser. Ihre in der Mitte nach oben gewölbten, meist weiß gekalkten Flachdächer sind in der Lage, das seltene und deshalb umso wertvollere Regenwasser aufzufangen, das dann in Zisternen gespeichert wird.

An der Cala Gadír verfällt Armani dem Zauber der Insel. Kurzerhand erwirbt er das Gelände, lässt die drei Gebäude renovieren, vier weitere im selben Stil hinzufügen und das Ensemble zu einer Villa ausbauen. Fortan verbringt der Modeschöpfer jedes Jahr einen Teil des Sommers auf Pantelleria. Der erfolgreiche Fashion-Fotograf Fabrizio Ferri tut es ihm gleich und richtet sich nahe der kleinen Ortschaft Scauri an der Westküste ebenfalls ein Luxusdomizil ein. Im Gefolge der beiden Trendsetter aus der Modebranche werden im Laufe der achtziger Jahre Topmodels wie Naomi Campbell, Schauspielerinnen wie Michelle Pfeiffer und Musikstars wie Eric Clapton gesichtet. Die unbequeme Insel, die weder über Sandstrände noch exquisite Restaurants, große Hotels oder ein nennenswertes Nachtleben verfügt, erhält nun als »Schwarze Perle des Mittelmeers« eine neue Facette: die Aura von Glamour und Exklusivität.

Paolo lebt derweil noch immer auf der Insel. Er hat nicht mehr so viel Zeit, um mit dem Boot rauszufahren und in den felsigen Buchten Fische oder Muränen zu fangen, denn inzwischen ist er längst als Techniker bei einer Telekommunikationsfirma angestellt. Irgendwann zu Beginn der neunziger

Jahre sitzt er in einer Bar und ist in eine Ausgabe der örtlichen Tageszeitung *Il Pantesco* vertieft. Zuerst liest er einen Artikel über einen ehemaligen Minister aus Rom, der sich eine Villa auf der Insel gekauft hat, dann einen weiteren über einen Fernsehmoderator, der mit seiner neuen Freundin auf einer Jacht vor der Balata dei Turchi, einem besonders eindrucksvollen Küstenabschnitt im Süden, von Paparazzi fotografiert wurde.

Schließlich fällt Paolo ein Beitrag ins Auge, der Passagen aus einer bereits vor längerer Zeit veröffentlichten, in Pantelleria angesiedelten Kurzgeschichte enthält. Beim Lesen läuft es ihm kalt den Rücken hinunter. Alte Erinnerungen werden wach: Dieser junge Mann, von dem da erzählt wird, trägt zwar den Namen »Oreste«, doch handelt es sich bei ihm zweifellos um Paolo selbst. Und diese Frau, die in der Geschichte immer für alle kocht und den beiden Kindern die korrekten Bezeichnungen für die verschiedenen Winde beibringt, kann doch niemand anders als seine Mutter sein. Paolo sucht im Artikel nach dem Namen des Verfassers der Geschichte. Und so erfährt er, wer der nette Mann war, den er immer nur »Gabo« genannt hat und mit dem er im sanften Sommer des Jahres 1969 regelmäßig zum Tauchen und Fischen rausgefahren ist: Gabriel García Márquez, 1982 ausgezeichnet mit dem Nobelpreis für Literatur.

Der Sturm peitscht über das Meer. Pausenlos rollen die Wellen heran und türmen sich meterhoch auf, bevor sie an den steil abfallenden Felsen der Punta Spadillo zerschellen. Darüber wacht, unbeeindruckt von der aufspritzenden Gischt, der weiß gestrichene Leuchtturm. Der Wind fegt über dichtes Gestrüpp hinweg ins Hinterland, wo die Weinstöcke seinetwegen in Mulden gepflanzt und auf Kniehöhe zurückgeschnitten sind. Er zerrt an den Ästen der über Jahrzehnte von den Bauern mit Steinen beschwerten und sich nun in eigenartigen Verbeugungen an den Erdboden duckenden Olivenbäume. Er rauscht über enge Serpentinenstraßen, holprige Feldwege und die Start- und Landebahn des kleinen Flughafens. An den steilen Hängen der zentral gelegenen Montagna Grande rüttelt er an Pinien und Eichen, und in mehr als achthundert Metern Höhe umtost er den einsamen Gipfel. Wenn der Maestrale seine ganze Kraft entfaltet, wartet man im Hafen vergeblich auf die Fähre, die sechs Stunden braucht, um die Insel von Trapani aus zu erreichen, oder auf das *aliscafo*, das Schnellboot, das nur Fußgänger transportiert und dieselbe Strecke in einem Drittel der Zeit zurücklegt. Im tobenden Kampf der Elemente ist Pantelleria von der Welt abgeschnitten.

Sobald die Verbindungen dann wieder aufgenommen werden, bringen die Schiffe – und im Sommer die Direktflüge aus Norditalien – längst auch viele nicht-prominente Touristen auf die Insel. Doch anders als die unweit von Messina gelegenen Liparischen oder die bei Trapani zum Greifen nah erscheinenden Ägadischen Inseln wird

Pantelleria auch zu Beginn des neuen Jahrtausends kein Ziel für die große Masse der Urlauber. Diejenigen, die den weiteren Weg hierher auf sich nehmen, suchen das Besondere, den Kontakt zu den Elementen, etwa bei Wanderungen in der Montagna Grande, unterbrochen von einem Dampfbad in der *sauna naturale,* oder beim Bad im Laghetto delle Ondine, einem nicht von Menschenhand geschaffenen, durch die Brandung immer wieder neu aufgefüllten Swimmingpool in den Felsen der Nordküste. Oder sie möchten einer einzigartigen Geschichte auf die Spur kommen, die im bei den ersten bronzezeitlichen Siedlern begehrten Obsidianglas, in der Architektur der *dammusi,* in den seit Jahrhunderten von Trockenmauern geschützten Gärten und in den bei Tauchgängen auf dem Meeresgrund vor der Küste zu bestaunenden antiken Amphoren lebendig geblieben ist.

Das Telefon klingelt, und Paolo ist erstaunt, als er am anderen Ende der Leitung einen Journalisten der Tageszeitung *La Repubblica* hört. Ob er *der* Paolo Ponzo sei, mit dem Gabriel García Márquez im Jahr 1969 einen Sommer auf Pantelleria verbracht habe? Der Reporter recherchiert für einen Artikel über den berühmten kolumbianischen Schriftsteller und dessen besondere Beziehung zu der kleinen Mittelmeerinsel.

Paolo erzählt freimütig: Ja, er habe García Márquez oft aufs Meer hinaus begleitet. Und die Muräne, von der gleich zu Beginn der Kurzgeschichte die Rede ist, die habe er eigenhändig gefangen, ein sieben Kilogramm schweres Prachtexemplar. Und die Mondlandung? Ja, erinnert sich Paolo, er sei dabei gewesen in jener Nacht, als die ganze Gruppe auf der Terrasse nahe der Punta delle Tre Pietre gespannt die Fernsehübertragung verfolgte. Ob er denn auch wisse, was Márquez später dazu gesagt habe, fragt der Journalist. Und als Paolo verneint, zitiert er: »Ich glaube nicht, dass es auf der Welt einen geeigneteren Ort gibt, um über den Mond nachzudenken.«

Der Artikel erscheint Ende März des Jahres 2008. Als Paolo die betreffende Ausgabe der *Repubblica* aufschlägt, blickt ihn die Fotografie des jungen Gabo an, und für einen Augenblick scheint es, als wäre er erst gestern mit seiner Familie abgereist. Der Bericht ist gespickt mit Zitaten des Schriftstellers und den Erinnerungen Paolos. Am Ende stellt der Journalist fest, dass Gabriel García Márquez zu Unrecht im Schatten derjenigen stehe, die Pantelleria nach ihm entdeckt hätten.

Tatsächlich redet alle Welt von Giorgio Armani, der gern behauptet, der erste Tourist auf der Insel gewesen zu sein, von dem Musiker Sting, der in Fabrizio Ferris Villa sein Soloalbum »Mercury Falling« komponierte, von Keira Knightley und Madonna, von Eros Ramazzotti und Jean Paul Gaultier und all den anderen Stars und Sternchen, die auf Pantelleria die Ruhe suchen, die sie in Mailand, Paris, London oder New York nicht finden. Doch niemand von ihnen hat die »Tochter der Winde«

und ihre Bewohner so sehr verstanden und so treffend beschrieben wie Gabriel García Márquez, der vor ihnen allen hier war.

Sechs Jahre nach seinem Telefonat mit dem Journalisten sieht Paolo, der seine Arbeit bei der Telekommunikationsgesellschaft inzwischen aufgegeben hat und ein Rentnerdasein führt, wieder ein Bild von Gabo in der Zeitung. Die Meldung dazu lautet, der Schriftsteller sei nach längerer Krankheit verstorben. Die ganze Welt der Literatur trauert um ihn. Und Paolo begreift erst jetzt zur Gänze, welch ein Glück er hatte, diesen Mann kennenzulernen und ihn für einige Wochen zu begleiten. In den kommenden Jahren wird er oft in den Nachthimmel blicken, vor allem dann, wenn der Maestrale alle Wolken hinweggefegt hat, sodass der hell leuchtende Mond klar und deutlich zu sehen ist. In diesen Nächten besteht kein Zweifel, dass Gabo weiterlebt, in seinen Erzählungen, in den Menschen, die sie lesen, und als Teil der Geschichte einer kleinen Insel, weit draußen im Meer zwischen Sizilien und Afrika.